Antônio Vieira
INFALÍVEL NAUFRÁGIO

MARCUS ALEXANDRE MOTTA

ANTÔNIO VIEIRA
INFALÍVEL NAUFRÁGIO

OS QUE FAZEM A HISTÓRIA

FGV
EDITORA

ISBN — 85-225-0348-6

Copyright © Marcus Alexandre Motta

Direitos desta edição reservados à
EDITORA FGV
Praia de Botafogo, 190 — 14º andar
22253-900 — Rio de Janeiro — Brasil
Tels.: 0800-21-7777 — 0-XX-21-2559-5533
Fax: 0-XX-21-2559-5541
e-mail: editora@fgv.br
http://www.fgv.br/publicacao

Impresso no Brasil / Printed in Brazil

Todos os direitos reservados. A reprodução não autorizada desta publicação, no todo ou em parte, constitui violação do copyright (Lei nº 5.988)

1ª edição — 2001

COORDENADOR DA COLEÇÃO: Francisco J. Calazans Falcon

REVISÃO DE ORIGINAIS: Sandro Gomes dos Santos

REVISÃO: Fatima Caroni e Sandra Pássaro

EDITORAÇÃO ELETRÔNICA: Simone Ranna

PRODUÇÃO GRÁFICA: Helio Lourenço Netto

CAPA: Visiva Comunicação e Design

Ficha catalográfica elaborada pela Biblioteca
Mario Henrique Simonsen/FGV

Motta, Marcus Alexandre
    Antônio Vieira : infalível naufrágio / Marcus Alexandre Motta. — Rio de Janeiro : Editora FGV, 2001.
    164p. — (Os que fazem a história)

    1. Vieira, Antônio, 1608-1697. I. Fundação Getulio Vargas. II. Título. III. Série.

CDD-922.2

Este livro é dedicado a Camila,
Vera, Marilu e Leoni.

Ao professor Francisco José Calazans Falcon,
pelo incentivo e generosidade intelectual;
À Fundação Getulio Vargas, pelo convite;
Ao Pronex/Puc-Rio (Departamento de História);
A Camila, pela graça e sorriso de filha;
A Marilú e Leoni, pela possibilidade de me
restituir a confiança na amizade;
A Vera, pelo estado de espírito de
eterna companheira.

SUMÁRIO

Apresentação   11

Prelúdio das Legiões   15

Prelúdio da Passagem   35

Prelúdio das Entranhas   61

Prelúdio da Antevoz   75

Prelúdio do Véu   89

Prelúdio da Distância   109

Prelúdio da Manhã   127

Epílogo sem Laços   153

Apresentação

Segundo Wilhelm Dilthey, a importância da biografia reside no fato de que seu nexo primordial é constituído pelo curso da vida de um indivíduo dentro do meio do qual ele recebe influências e sobre o qual reage. Representante do neo-historicismo germânico do final do século XIX e começos do XX, Dilthey foi um dos maiores expoentes daquela "revolta antipositivista" a que se referiu Stuart Hughes ao analisar o quadro geral da história das idéias na Europa de 1890 a 1930, em seu livro *Consciência e sociedade*. No campo historiográfico, porém, foram um tanto diferentes os caminhos trilhados pela reação ao positivismo.

A biografia como gênero historiográfico foi cultivada, embora de maneiras diferentes, por historiadores ligados ao romantismo e ao positivismo, ao longo do século XIX e nas primeiras décadas do século XX, pelo menos até a II Guerra Mundial. Todavia, no caso específico da França, o surgimento da chamada École des Annales, a partir de 1929, em franca oposição à história "positivista" então dominante, tendeu a levar de roldão, na enxurrada dos "combates" de Lucien Febre contra a "história acontecimental", a biografia histórica, tida como uma das formas típicas de uma historiografia ultrapassada.

A hegemonia do paradigma estrutural — e do marxista! — até começos dos anos 1970 não deixou muitos espaços, sobretudo na França, aos historiadores eventualmente interessados em histórias individuais. Afinal, como gênero ligado ao "tempo curto", no nível dos acontecimentos, a biografia parecia insignificante e desnecessária às grandes sínteses estruturais — e objetivas.

Durante os anos 1970 e após algumas das insuficiências dos paradigmas dominantes, abriram caminho os "novos objetos", "novas abordagens", "novos problemas" da *nouvelle histoire*", especialmente a "história das mentalidades" e a série dos assim chamados "retornos": da narrativa, da política, do indivíduo e da biografia. Nas origens de tais mudanças estava o longo e complexo processo que caracteriza o retorno do sujeito forte e da subjetividade na teoria social e a sua historicização, em substituição à dicotomia positivista "sujeito/objeto". O reconhecimento da importância crucial do sujeito individual e/ou social na construção da realidade histórica, bem como do papel decisivo do historiador na produção/interpretação das visões dessa realidade, trouxe a biografia de volta ao primeiro plano das pesquisas históricas, embora por uma ótica diversa daquela reinante na primeira metade do século.

Os novos tempos vividos pela historiografia contemporânea nos anos 1980 e 90 não tiveram uma resposta imediata entre nós no âmbito biográfico, especialmente entre os historiadores. Foi esta percepção, um tanto impressionista, convenhamos, que nos levou, em contato estreito com Alzira Alves de Abreu, a pensar na organização de uma série de biografias de personagens importantes da história do Brasil, a serem publicadas pela Editora FGV.

Ao analisarmos a viabilidade dessa nova coleção, verificamos a existência, hoje, de um clima favorável, em termos editoriais e de público, aos textos biográficos; por outro lado, a produção de biografias históricas é ainda um tanto escassa entre nós. Ao mesmo tempo, porém, não se trata de promover um "retorno" puro e simples da biografia, algo que consideramos totalmente sem sentido, mas, sim, de incentivar a produção de estudos de natureza histórica, ancorados na vida e obra de personagens significativas, mas fortemente inseridas no seu espaço-tempo concreto.

As complicadas relações entre literatura e história, ou como querem outros, entre "realidade" e "ficção", sempre um tanto potencializadas na biografia, nós as deixamos por conta de cada um dos autores convidados a participar desta coleção. Assim, salvo aquelas coordenadas mais gerais de caráter formal, necessárias à uniformidade das edições, nossos autores têm total liberdade para eleger seus próprios caminhos, alternando, se assim preferirem, narração e descrição, mas buscando evitar, se possível, os excessos eruditos e as polêmicas acadêmicas, teóricas ou não. Coube à coordenação, através de leituras críticas, tentar evitar, quando possível, os eventuais excessos e descaminhos e manter atuante a idéia de que o estudo biográfico é inseparável do exame das "circunstâncias" (no sentido dado por Ortega y Gasset) do biografado: a sociedade, a época, a cultura, o ambiente intelectual.

Por último, é oportuno alertar os nossos leitores para o caráter interdisciplinar, ou melhor, multidisciplinar da coleção **Os que fazem a história**, teórica e metodologicamente comprometida com as características da historiografia contemporânea moderna e/ou pós-moderna, conforme a opção ou não do autor pelo "realismo histórico".

Francisco J. Calazans Falcon
Professor associado da PUC-Rio

ID# Prelúdio das Legiões

O que se passa é provavelmente a condição provocada por todas as legiões da contingência. Parece não haver motivos para dizer: Vieira deve ser determinado por sua época, circunstanciado no desejo do historiador em desempenhar o seu papel. Talvez, lidar com fragmentos biográficos seja se descuidar da sentença: desista antes que seja muito tarde, pois tentar pensar muito sobre alguém morto é sobejar de imagens o espelho da curiosidade egóica de cada mente. Qual seria, então, a forma de escrita mais propícia à vida pretérita se esquecêssemos do adágio? Olhá-la descansar, acamada, na razão sentimental, insistindo em vê-la grafada como sol nascente, fazendo vir à mente a saúde uma vez mais. Esta resposta — pode-se dizer assim — é o conselho biográfico em excelência.

Mas é espantosa a busca de situações biográficas através de conselhos. Permita acontecer; admita o contexto natural. Uma natureza contextual, porém, é ocasião precária da escrita. Se eu conhecesse um dos fatores presentes na vida de Antônio Vieira capaz de arrumar toda a sua vida numa lógica sem defeito, poderia comentar: eis um ditame tomado à risca.

Uma biografia — posso pensar — é o sonho da coerência, pelo fato de a vida ser algo longe dos nexos. Após a constatação, só há de admitir a profecia sobre o pretérito — forma sublime da censura. Há, contudo, em toda história de vida um não morrer imperativo. Mas que lição é esta desprendida da morte? A tarefa do mais alto legado, que, sem poder ser inventariado completamente, remete à recordação intuitiva de sua insistência.

Só esta intuição sobre a insistência histórica, larga demais, sombreada demais para ser a expressão da calma e da saúde, refunda a vida através de outra sem qualquer alicerce; a não ser a escrita. Como não há homem passível de explicação completa, permito-me rejeitar os conselhos e supor inclusões singulares provenientes da insistência histórica reconhecida — embora não tenha provas de sua eficácia além das palavras sobre o papel.

O padre Antônio Vieira retinha os homens na idéia de descoberta; quase um andamento em que a variação invisível acha, no mundo, a mudança. Não era o seu olhar, apenas, tipo de conhecimento; era caso de ego que, mesmo não tendo domínio sobre a profundeza do abandono — algo romântico —, sustenta o vivido no pleno movimento da finalidade. Com toda paixão que tem — em raciocínio frio ou em desnudo delírio — arrasta, sem ter os olhos dos marinheiros portugueses da aventura, e planta, sem contar com os braços dos rústicos, a finalidade da esperança.

E se toda esperança a distância é ironizada, na proximidade é vista na extensão do pélago, e em si compartilha da sensação lutuosa, eis a biografia de Vieira feita no diálogo entre três personagens impessoais: a Ironia, o Luto e o Mar.

***

Assim, na superfície do abandono após qualquer sentido romântico, digo escrever simulando os andamentos da história de Antônio Vieira — escrita por J. Lúcio de Azevedo — pontuando-a com passagens da autoria do jesuíta, sem distinguir o que é dele e o que é dos personagens impessoais; garantindo a ressonância fantasiosa da biografia de André de Barros sobre a nossa figura dramática; permitindo surgir um pouco do realismo de Hernani Cidade, algo da erudição de Margarida Vieira Mendes, algo da conduta rigorosa de Alcir Pécora, algo das considerações estimulantes de Adma Fadul Muhana e, por fim, algo da ironia pedagógica de Antônio Sérgio e da ironia sublime de Sérgio Buarque de Holanda.

Se o esperado for, pelo leitor, a exaustão do que se pode admitir como uma biografia de Antônio Vieira, digo: não leia. Tirando o limite de páginas desta coleção e o tempo restrito, posso afiançar que uma biografia de Vieira precisaria ser reescrita por qualquer geração luso-brasileira que se apresente. Isto porque: quando alguém lê uma biografia onde as frases traduzem o conforto do "isto é verdade", "isto é falso", "isto é evidente" ou "de modo bem manifesto", deveria redobrar sua desconfiança.

Mas como é necessário dizer alguma coisa sobre a vida de alguém que nos importa muito, pois se acredita que alguns sigilos culturais residem nas suas ações e escrita, aprendendo algo com ele e em nós mesmos, pergunto-me: prometi sinceramente ser sério neste escrito? Mantive a minha promessa? Levei Vieira a sério e as histórias que contam sobre ele? Devia? Ele e seus estudiosos são sérios? Direi que os temo e por isto escrevi? Seria isto dizer que não levo a seriedade a sério? Que é que eu digo ao levar tudo a sério? O que eu faço dizendo isto? Nunca estarei quite com a seriedade? Ela ocorreu? Onde? Na escrita? Sim? Bem, do que deveria se tratar para escrever uma melhor biografia? Aonde isto me conduziria? Resposta: me conduz a minha primeira pergunta — prometi sinceramente ser sério neste escrito?

Ironia. Cá estou, desejando dialogar sobre uma vida assombrosa. Sei: os senhores também a estimam. Tomo a palavra, primeiramente, porque creio ser aquela vida caso atípico de intimidades comigo. Não vou nunca descrevê-las. Gostaria, no lugar da confissão, a atenção dos senhores a minha veste. Vejam o quanto de sabotagem lingüística comparece nos bordados do meu vestido. Olhem, detidamente, o cinto — repleto de ações abortadas por leituras posteriores. Atentem nesta gola estendida, cuja forma obedece à elasticidade das metáforas.
Luto. Não tenho dúvidas: sua veste tem a beleza sublime do bom acabamento.
Mar. Embora de beleza inconcebível, recuo os meus olhos diante da atenção desejada.
Ironia. Nada mostro ainda! Vejam os adereços. Como pulseira, rubis românticos. A gargantilha é cravada de diamantes trágicos; onde agora os olhos dos senhores estão detidos. Meus brincos da mais alta comédia; na mão direita, no indicador, acompanhando o bracelete, a mais bela pedra de sátira; na esquerda, um anel inconfundível, do mais caro ouro da escrita.
Mar. Posso afirmar ser muito proveitoso tê-la aqui; a embelezar este ambiente iluminado a castiçais, em véus envolvidos.
Ironia. Muito obrigado, vou sentar ali, naquela cadeira de vidro, defronte ao espelho deste farol; algo distante; contudo, o suficiente — licença.
Mar. Em razão deste diálogo, preparo-me ao sabor dos comentários de um amigo — o imperador da vida, o tempo.
Luto. Lá estive, e não o vi.
Mar. Fico admirado de que o senhor tenha ainda a idéia de vê-lo no instantâneo da vontade, se manifestando a favor do seu desejo.
Luto. Desculpe-me. Sempre esqueço de não tomá-lo pelo coágulo pretérito, expresso em minha face.
Ironia. Vocês estão falando do meu grande amante. Claro, perto dele, só tenho volúpias. Passada a febre lascívia, fujo enojada dos seus múltiplos semblantes. É da sua personalidade criar encenações onde ninguém me percebe. Rouba a cena.
Mar. Sinto o mesmo em relação à terra. Nos primeiros momentos há carícias, tocando as infinitas curvas e pontas em

soberba delicadeza. Contudo, não deixo de agredi-la na fúria do amante. Há muitos anos desejo aquela diminuta terrinha, cuja alcunha masculina produz um frenesi enorme no meu espírito. Falo de Portugal. **Luto.** Tenho a minha morada de verão lá. Aprendo, vivendo em Portugal, a arte de melhor habitar a perda, marcas da morte; o ar fresco das viúvas arrefece o meu trabalho. Naquela brisa, repouso confortavelmente — deliciando-me de saudades.
 Mar. Do ar fresco das viúvas posso afiançar: sou eu a deixar. Já as saudades, o povo do pequeno rosto da Europa busca a especiaria na superfície do lago isolamento.
 Ironia. Quantas sentimentalidades! Na terrinha, nasce o nosso motivo de diálogo, o padre Antônio Vieira. Num mês curto; acomodado à maneira de compreendê-lo.
 Luto. Nasce nos anos iniciais dos seiscentos, dia 8 de fevereiro de 1608, próximo à Sé de Lisboa, na rua dos Cônegos — segunda-feira.
 Ironia. Um dia após o descanso de Deus, não é?
 Mar. Hum! A família tem poucas posses. Seu pai, Cristóvão Vieira Ravasco, origina-se daquelas terras que são o avesso do sertão brasileiro, o Alentejo — vasta extensão de gente sibilante e orgulhosa, cujo vazio da vida é preenchido nas crenças sem precedentes; força na teimosia e traição a favor da auto-estima.
 Luto. É. O pai ainda não é fidalgo da casa de Sua Majestade; acontecido anos após o nascimento de seu grato filho, através da fama deste rebento; desejo de d. João IV — nos idos de 1646. Melhor dizer a verdade: descende o pai de uma família de criados dos condes de Unhão; filho de uma índia ou mulata — não sei; seja como for, mulher de cor. Isto o leva a rejeitar, por alguns anos, o sobrenome Vieira, detendo-se no orgulho de ser um Ravasco — família de mais nobreza.
 Ironia. Fica eterno através da rejeição.
 Luto. Quanta crueldade suave lhe cabe.
 Ironia. Nem tanto.
 Luto. A mãe, natural de Lisboa, Maria de Azevedo, é filha de Brás Fernandes — armeiro da Casa Real. Do seu pai recebe o dote: carta de lembrança de um ofício de justiça ou de

fazenda. Este atrativo concede, a Cristóvão Vieira Ravasco, o cargo de escrivão das apelações cíveis na Relação da Bahia.

Mar. Em 1609, Cristóvão Vieira cursa as minhas ondas em direção ao Brasil. Deixo-o passar sem trauma. Sei terem as revelações náuticas, impostas a mim pelos portugueses da ventura e ousadias, agora, um herdeiro. Menino ainda; promessa em livros!

Ironia. Vai o pai; em Portugal, fica singular a mulher das íntimas lembranças. Decanta saudades das beatas no porto da espera.

Luto. Na freguesia dos Mártires o menino cresce. Recolhida, a mãe sai raramente. Apenas freqüenta as missas; volta logo aos afazeres domésticos, se consagra ao único filho.

Ironia. O menino aprende rudimentos de leitura, orações e escrita nas mãos maternas; não sendo à toa ser a sua futura retórica a sobremesa do século XVII português, não é?

Mar. Dedicada e fervorosa mãe portuguesa, cujo recato assemelha-se ao meu movimento de maré baixa.

Ironia. Senhor dos pesadelos, poupa-me!

Mar. Ao longo dos séculos resmungo na foz do Tejo: *ego sun*, Lisboa!

Ironia. Você é a graça e o pecado daquela cidade.

Mar. Nem tanto!

Luto. No ano de 1612 retorna licenciado o pai. Fica dois anos; decide sobre a ida de todos à Bahia.

Mar. Partem em 1614 — dou-lhes travessia branda. O menino tem seis anos!

Ironia. Desde quando o senhor adquire a delicadeza dos lagos?

Mar. Eis os dentes dos meus abismos.

Luto. Por favor, abandonem as celeumas.

Mar. Em benefício de nossa conversa, evidentemente. Aos seis anos, os olhos de Vieira dimensionam a cidade de São Salvador da Bahia de Todos os Santos.

Ironia. Se é que se pode chamá-la de cidade, não é?

Luto. Guardando a conceituação inútil, digo: a cidade conta com 12 freguesias, 3 mil almas portuguesas, 9 mil índios de várias tribos, 5 mil negros da Guiné e quase 40 engenhos.

Mar. Vieira sente na chegada o senhorio do Colégio dos Jesuítas. As janelas me acenam!
Luto. Salvador da Bahia de Todos os Santos, a confusão das línguas é traço público. Todos querem ver crendo.
Ironia. Nada retira a lição cultural do vestígio de São Tomé.
Mar. Bem perto da cidade há registro de um pé santo, cravado em rocha negra.
Ironia. Ali nunca me faço. Detesto sentar ao chão e aceitar as condições das ênfases. Nas terras brasileiras quase nenhum escritor teve comigo intimidade. Quase nenhum teve dúvidas sobre a linguagem, portanto, me conhecem alhures.
Luto. Eu também me sinto mal naquelas terras. O sol é muito; não há possibilidade de manter reminiscências em tanta luminosidade. Preciso de sombras mnemônicas; assim produzo quereres históricos.
Mar. Nem eu permaneço fácil naquelas terras. Sempre me querem praia ou sertão.
Ironia. É!
Mar. Deixa estar.
Luto. O pequeno Vieira mora a um tiro de pedra fora dos frágeis muros da cidade, bem perto da porta de São Bento — onde passa na finalidade de ir ao Terreiro de Jesus. Lá, o Colégio dos Jesuítas.
Mar. Mas ele pode ir pelo outro lado; é só caminhar na direção da Casa do Governador.
Ironia. Pára próximo ao elevador. Observa os negros descarregando o peso do mundo — mercadorias, mercadorias, peças; que coisas, não!?
Luto. Outros passos, penetra na Sé; sete altares da Virgem. Estanca. Reza a devoção materna; tal e qual as suas.
Mar. Vieira recebe as primeiras instruções literárias no Colégio dos Jesuítas.
Luto. Enquanto ganha instruções, os olhares inacianos escorregam sobre as cabeças. Novos "recrutas" procuram.
Ironia. E ele ali, à medida dos eternos insatisfeitos, cuja maturidade acentua os riscos das fantasias um dia surgidas.
Luto. Não demora muito a sentir a presença do medo.

Ironia. Muito convívio jesuítico dá às sensações culpas em velas.
Mar. Eis a verdade: na noite do dia 5 de maio de 1623, aos 15 anos, a sua mente não se acalma. Ouve de manhã palavras ressonantes: a vida na borda de todos os pecados. Inferno; o inferno!
Luto. A imaginação se desprende. O temor lhe sopra os olhos.
Ironia. Quis rezar. Põe-se de joelhos; tenta voz alta — duas vezes. O brado se esvai; foge em direção oposta.
Luto. Suspenso no terror, tira a verga da porta. Três passos; sente os olhares do céu, quase recua.
Mar. Certo desconsolo de barco, à deriva, se achega às suas pernas; sobe em direção ao colégio.
Ironia. Na noite de negra textura, sem lua alguma, os olhos são atraídos às sombras; enquanto as pernas aceleram.
Mar. Corre. Corre. Ofegante, esmurra a porta do instituto.
Ironia. Rangem as dobradiças; sua o rosto, arregalado. À espera, a calma face de um noviço.
Luto. Precipita-se no ambiente. Detém-se petrificado. Aguarda. Trêmulo, vê o noviço se encobrir, à candeia acompanha.
Ironia. Ouve passos. Cresce o som e ele diminui. De lá, outro lume — ardente. Transpira temor; enxuga-se em ave-marias.
Luto. Em manto negro, sereno e confiante, o reitor Fernão Cardim aproxima-se.
Ironia. Olha-o; nenhum verbo. Abre os braços; descansa confiante sob a capa negra da companhia o nosso jovem Vieira.
Mar. Contra a vontade da família pratica o noviciado jesuítico.
Luto. Por excesso de culpa familiar, medíocre aluno é: memória fraca; aprendizado lento.
Mar. Consciente das suas limitações suplica à Virgem das Maravilhas o talento inexistente. Roga aos céus.
Luto. Ora. Ora. Num dos intermináveis dias, um estalo ecoa no cérebro, retinindo em todo o corpo.

Ironia. Já sei: desmaia — caso clássico de misticismo, êxtase ou delírio.

Luto. Alguns minutos se estendem; refaz-se. Sente nos olhos a agudeza insigne. Corre ao colégio. Entra na classe. Pede disputa contra qualquer aluno. Na presença dos mestres maravilhados, ganha a disputa com todos.

Ironia. Maravilhas!

Luto. Após alguns dias, enquanto caminha no pátio interno do colégio, ouve dos mestres: é necessário polir a inteligência deste noviço.

Ironia. Inteligência, a palavra conjuga sem distinguir ato de fé e ação cáustica. Ser inteligente, lá, onde o sol não permite a incerteza!

Luto. Pode ser. Conclui Vieira o ensino preparatório (gramática e retórica). Nos próximos dois anos de noviciado os estudos literários estão suspensos.

Ironia. É claro. Urge educar a vontade e o querer. Viver à obediência, à pobreza, à castidade do cadáver. Mandam-no à aldeia missionária — Capitania do Espírito Santo.

Luto. Na capitania, Vieira aprende as línguas da babel solar e úmida. Aprende a partir da pequena gramática de José de Anchieta. Demonstra coragem; é mandado a aldeia distante. Sem guia, se perde. Caminha. De repente, sai da mantilha das trevas um menino luzente. Andam juntos, sem trocar palavras. Um pouco mais, encontra-se na aldeia. Desaparece o companheiro!

Mar. Depois de algum tempo retorna à cidade de São Salvador da Bahia de Todos os Santos. Quando surge, já estão resolvidas as questões familiares.

Ironia. Vieira pode, sem conseqüências, participar no empenho jesuítico de teatralização pública. Discursos, poemas e tiros de arcabuzes. Voam as almas; aplausos no céu.

Luto. Muitas vezes no colégio, o mais belo e imponente edifício da cidade, Vieira contempla as relíquias: as cabeças de três das 11 mil virgens, pedaços do Santo Lenho, parte do corpo de São Cristóvão e, o que exerce maior fascínio, o cadáver do venerável José de Anchieta.

Mar. Disto eu sei, porque dos meus vários ângulos o vi, olhando-o nos olhos.
Ironia. Não se esqueçam: há as aulas a querer e púlpitos a ouvir.
Luto. Assiste os seus mestres a declamar o favor de Deus à companhia; sucessos raros e graças concedidas às causas. Reiterativa afirmação dos sublimes atos missionários dos primeiros inacianos: lá no Oriente; ali nas Américas.
Mar. E a vida jesuítica vai; nasce o sol: múltiplas tarefas; adormece a luz: tanta ocupação ainda. Labor: preservação da humildade.
Ironia. Eis a forma que a soberba acrescenta à obediência.
Luto. A costela da linguagem não perdoa.
Ironia. Não ganho nada rebaixando a minha indignidade criativa.
Luto. Talvez nada perca.
Ironia. Perco, sim. Perco a minha obrigação: homens; sua linguagem é desnatural!
Mar. Não é natural, como?
Ironia. Abandone isto ao lado, é muito complexo e temos pouco tempo. Digo: a linguagem antes corrompe pensamentos, sentidos e outras coisas do que os comunica.
Luto. Posso retomar?
Ironia. Bem...
Luto. Naquele ambiente jesuítico, Vieira come de joelhos algumas vezes. Deita-se, outras tantas, aos pés da porta do refeitório — sinal de submissão. Entra em um caminho e vai, dias a fio, vivendo de esmolas; convencendo-se da nulidade dos frívolos interesses humanos.
Mar. Confessa-se semanalmente. Em outros momentos, penitência pública — lapidação d'alma.
Ironia. Nos dias disciplinares, os seus irmãos tornam-se severos críticos. Acentuam seus erros: o andar, a postura nas lições, os gestos dramáticos, a voracidade das palavras e o fastio que comunga contra a arrogância dos letrados. Não há maior inimigo para um jesuíta do que outro jesuíta, não é?
Luto. Creio nisto. Os inimigos mais íntimos são os próprios companheiros.

Ironia. Os jesuítas, na inexistência de adversários em outras ordens religiosas, mundanizam as suas qualidades, que denomino modernas. Partem vorazes ao mundo, recolhendo deste a consumação inevitável da sua lei: a agonia da verdade.

Luto. Quão modernas, se Vieira lê, diariamente, a *Imitação de Cristo* e os *Exercícios de perfeição* de Afonso Rodrigues?

Ironia. Não é a leitura destes tipos de livros, ou de outros, que faz alguém moderno ou não. O moderno não funciona na pompa do novo a consagrar o atual. É moderna a contenda entre as invenções e o primado inaugural de algo nunca antes visto.

Mar. Embaraça-se.

Ironia. Só a sua sábia ignorância o deixa ao relento. O meu dito é: a cada criação do novo, neoarcaísmos nascem quão ervas daninhas. E, no ato de capina exigido, renascem.

Mar. Pouco aceito de sua argumentação. Contudo, neste princípio se faz presente algo atrás desta cortina: o moderno é aquilo sem agasalho do céu.

Luto. Confunde-se mais. Portanto, recomendo o retorno à vida de Vieira.

Ironia. Admito as suas razões. Os senhores têm pouca convivência comigo; aceito suspender as minhas considerações.

Mar. Não é sem demora, pois o tempo nos permite apenas o cochilo.

Luto. Vieira começa a sentir o que é ser jesuíta. Alcançar o sofrimento amplificado de Cristo, para a Sua Glória. Querer a perfeição, sem a pretensão de ser.

Mar. Assim corre o noviciado do jovem Antônio: na enfermaria ajuda, nos exercícios espirituais arrepende-se — imaginando os muitos pecados do mundo.

Ironia. Coisinha bela! Não tenho dúvidas sobre o aprendizado de Vieira. Os compêndios de história traçam as linhas básicas da formação de um jesuíta; sendo a mais pura e desgraçada verdade da vida de Vieira. Há, porém, no meu peito comunicativa dúvida sobre a dúvida.

Mar. Qual?

Ironia. Respondo: a vingança é a maior expressão da obediência. Ela é o prazer dos deuses; mesmo dos mortais.

Mar. A senhora lança sobre a vida de Vieira a maior das mazelas humanas.
Ironia. E não é assim em todos os homens?
Mar. Sem ambigüidade.
Ironia. Acabo de sofismar a mísera condição dos mortais.
Mar. Ainda bem!
Luto. Por favor, atenção aos nossos propósitos. Em 1626 escreve Antônio Vieira a Carta Ânua da Companhia de Jesus, sobre os episódios de 1624.
Ironia. Composição repleta de frases bombásticas, hipérboles magníficas e um certo ar de zombaria. A identificação deste clima me veio só agora.
Luto. Seu noviciado é interrompido no dia 8 de maio de 1624.
Mar. Na luz da manhã, brota, no horizonte, a armada holandesa da Companhia Ocidental — sob o comando de Jacob Willekens.
Ironia. Tocam as naus a música do ataque. Publicam o sangue a ser derramado nas bandeiras, flâmulas e estandartes; tudo repica o destino. Os olhos se encantam. Vinham; e as nuvens, estranhamente, na direção contrária. Limpo o céu da cidade.
Luto. O forte não responde; aguarda a paz que num pequeno batel navega.
Mar. A artilharia holandesa se adianta. Descarrega nos rostos um tanto de medo e dor.
Luto. Favorecidas pela largura da baía, as naus manobram.
Ironia. Escarram. Expectoram, tantas vezes.
Luto. Ao meio-dia colidem. Tal é a tempestade: fogo e ferro.
Mar. Muitos à mercê dos relâmpagos das armas, cobertos de espessa nuvem do fumo.
Luto. Ensurdecedora batalha. Terror de muitos; confusão de todos.

Ironia. A fraqueza da cidade é munição. Seiscentos holandeses botam a correr os guardiões de São Salvador da Bahia de Todos os Santos!
Mar. O sol galopa; resistência ali, outra acolá.
Luto. Na alta noite, ouvem-se gritos nas bocas de muitos. Já entram os inimigos; já entram, entram. Naquela porta; na outra também.
Mar. Todos a escapar.
Ironia. Se não viam os holandeses face a face, o medo os torna faces.
Luto. Pânico; nas matas próximas, grandes gemidos femininos e choros de crianças. Sorte miserável. Todos a querer a travessia do rio.
Mar. A correnteza os impede; a noite dificulta tudo; o susto chega a todos.
Luto. Ecoam sofrimentos.
Ironia. Fogem. Vazia cidade de São Salvador da Bahia. O governador preso; o bispo no escape das sombras noturnas. E os irmãos da Companhia de Jesus, após juntarem os seus pertences, se vão à sua quinta. Enfim, às aldeias. Mesma miséria: ricos e pobres.
Mar. Iniciado o ano de 1625, os socorros desejados de Pernambuco e do Rio de Janeiro somam-se à armada metropolitana de 52 navios e tropas de desembarque. Cercam os holandeses. Em 30 de abril capitulam.
Ironia. Expulsos os peixes dos Países Baixos, todos voltam. Primeiro os governantes, depois os jesuítas, e, por fim, o povo — não é bobo, não é?
Mar. No dia 5 de maio celebram a missa da vitória. Grande festa! Meu Senhor! Rogue por nós!?
Luto. No dia seguinte recebe Vieira, das mãos do reitor do colégio, os votos simples de pobreza, obediência e castidade.
Mar. Em seguida, dá início ao curso teológico. Abdica, publicamente, dos bens terrenos — regra jesuítica.
Luto. No começo de 1627 deixa a cidade de São Salvador — para Olinda, a reger a cadeira de retórica no Colégio dos Jesuítas.

Mar. Reconhecido pelos talentos literários, teima em partir. Argumenta em favor da prática missionária; quer evitar os estudos e cair na aventura catequética.

Ironia. Submetido à obediência, cede.

Luto. São oito anos em Olinda. Entre uma aula e outra, lê Sêneca. Lê, dando à alma uma vontade imperativa.

Ironia. Lê Ovídio — querendo a metamorfose do sempre igual. Saúda ter nascido nesta era.

Luto. Lê um outro; o grande outro, Cícero. Da leitura lhe vem a força da eloqüência.

Ironia. Quanta benevolência! Lê-lo é aprender a intervir nos negócios de Estado. É em Cícero que os olhos de Vieira desvelam a arte de ensinar através da apreensão dos contrários; como se fossem as velas de um barco a se apropriar do vento adverso, deleitando a culpa na âncora da morte e movendo os sentidos através dos remos da inteligência. Oh, dias tão propícios às minhas aparições!

Luto. Mas não só dos grandes pagãos vive Vieira. Toma para si a tarefa de comentar a moral expressa nos Cantares de Salomão. Dos compêndios teológicos realiza a extravagância de raciocínio. Santo Agostinho, seu patrono.

Ironia. Realiza; contudo, do grego e do hebraico conhece apenas partículas.

Mar. Versátil nas disputas, honrado e reto, ao se imaginar, teve do seu orgulho o mesmo que a guerra retira das circunstâncias: a verdade esfolada.

Ironia. Isto porque chega sempre em horas incertas, como se corresse atrás do tempo adivinhando por onde ele pode ir. Na certeza ilusória dos fatos, as sensações são aprisionadas numa relembrança antecipada do futuro, cuja verdade do presente é a mais frágil barquinha — vai na chegada e volta na partida; enquanto a verdade se afoga.

Luto. Boa consideração, cara senhora. Em 1636, já é considerado notável orador, rezando a sua primeira missa dois anos antes. É nomeado lente de teologia em 38. Em 35, quando volta para a Bahia, é encarregado da cadeira de Teologia do colégio. Prega o seu primeiro sermão na quaresma de 33. Arte ainda presa em demasia às funções dos acontecimentos, marcada pela invasão de nove anos atrás.

Mar. A cidade de Salvador da Bahia parece um acampamento. O abandono afirma a expectativa de combate. Escola de Marte!

Ironia. É uma prédica cujas palavras se comportam através dos sons da praça de guerra: estalos vocais, graves silabam finais nas frases, opacidade iluminada das figuras de linguagem e símiles táteis aos olhos.

Luto. Como consegue ver tudo isto?

Ironia. Vejo, independente das evidências. Antes, figuro os limites de qualquer discurso sobre a clareza de algo. Assim, ao ver, nada há de mim; e ao dizer, ali há.

Luto. Sempre me perco nas suas explicações. Peço licença, continuo.

Ironia. Pois não!

Luto. No ano de 1634 prega Vieira na festa de São Sebastião.

Mar. A seita sebastianista encontra-se febril. Digo: o sebastianismo é um tipo de mistura entre a morte e a vida. Discursa naturalmente o impossível desejando o retorno de d. Sebastião. E, quando ele voltar, Portugal é, sem nunca ter sido — em glória e ventura.

Ironia. Enxergo o sebastianismo como moeda metafísica; na posse dos fantasmas e enterrada no purgatório. Seu lastro ideal é a barganha que aproxima o céu da terra, na cotação mais alta; e na mais baixa, justapõe o legítimo e o devaneio.

Luto. Para Vieira, na opinião de todos é Sebastião morto, mas na verdade e na realidade do querer está vivo; ferido sim e malferido, mas, depois das feridas, curado; deixado sim de sepultura e de sepultado, mas vivo, rígido, valente e tão forte como dantes. Na opinião morto; na realidade, vivo.

Mar. Apesar disto, nada permite dizer, conclusivamente, ser Antônio Vieira sebastianista ou não. É comum, entre os jesuítas, o incentivo a esta mística portuguesa. Aliás, percebo a sua utilidade: manter o entusiasmo na alma lusitana.

Ironia. Nada há mais esperançoso, mais arrebatador e aguerrido do que este aspecto mundano da fé. Entope as vistas portuguesas de colírio fantasmático.

Luto. Vejam bem. O sebastianismo é a manifestação gasosa do meu funcionamento orgânico. Meus sentidos embebidos na esperança, em razão da melancólica decadência, inebriam e envolvem as mentes portuguesas. Dei-lhes os espectros do único acontecimento histórico, o único sol alto naquela terrinha, os Descobrimentos; e os mantive presos à luz de uma aparição suspeita.

Ironia. Quanta maldade! Deu a eles a angústia tosca do ato grandioso sem história, cujas esperanças é ver surgir, ao horizonte, o guerreiro Sebastião se levantar, trazendo a lua nas mãos.

Luto. Não posso negar: saboreio a mística sebastianista numa noite de verão em Lisboa. O rei d. Sebastião em África desaparece.

Ironia. Atrás dos infiéis! Perde Portugal.

Mar. Antes dele sou navegado e, depois de seu desaparecimento, cá estou velado.

Luto. Mudemos de assunto, não gosto de falar das minhas traquinagens.

Mar. Pois não.

Luto. Vieira presencia, em 1638, a 16 de abril, a entrada de Maurício de Nassau à baía de Todos os Santos.

Ironia. Naquele momento a experiência encontra-se pousada nos muros da fortaleza, coroando (risos) os governantes.

Mar. Dura o cerco 41 dias. Chovem brindes flamengos; a cidade responde à portuguesa. Enfim, o inimigo deixa tudo dos portugueses e parte do seu. Pelas nove e 10 horas sai pela enseada fora a armada, triste, desamparada e muda.

Luto. Na manhã do ano de 1639, no dia 23 de janeiro, entra desmantelada, na baía, a armada sob o comando do conde da Torre — força portuguesa e castelhana.

Mar. Vem recuperar Pernambuco.

Ironia. Armada que há de ser e passa ao largo.

Mar. Entra no recôncavo de São Salvador maltratada por febres de Cabo Verde, chacoalhada em demasia nas minhas ondas. E na cidade fica até outubro — se recuperando do porre.

Luto. Tão importante vinda merece comemoração na festa de Santa Cruz. Melhor: repetição festiva — já se passam 27 dias da data.

Mar. Coube a Vieira o púlpito. Nele, recorre à voga do momento: o menosprezo do sangue humilde por veias fidalgas.

Ironia. Ora, em se tratando das terras coloniais, a razão do menosprezo é moeda corrente. Ora, o que não é nobre pode ser valoroso, mas o nobre tem obrigação de o ser; e vai muito de liberdade no devido por natureza.

Mar. Nascer e ficar onde está é uma situação vexada. Nem os rios agem assim.

Luto. Dias após o sermão do nosso jesuíta, vai a armada, sob o comando do conde da Torre. Esboça desembarque em Pernambuco. Bate em retirada. Dispersada e sem vitória; em direção às Índias de Castela.

Ironia. Infeliz armada, vencida da própria vitória, fugindo sem fugir (porque foge o mar navegado), podendo mais a desgraça que o valor, a natureza que a arte e a força do destino que a dos braços — não é?

Mar. Perdem os derrotados e tristes conquistadores a mim, perdem a terra, perdem a empresa, perdem a esperança. E todos que neles fundaram as esperanças muito mais naufragam.

Luto. No mesmo mês do fracasso da armada d'el-Rei, o almirante Lichthardt encontra-se a devastar as costas da capitania. Um vazio de proteção alastra-se. Engenhos destruídos no lado de lá, outros ali bem perto.

Mar. É importante falar contra este estado de coisas. Vieira consome eloquências históricas na subida ao púlpito.

Ironia. À venda: um quanto de façanhas e metros de ousadias lusas.

Mar. Basta ver as nações bárbaras, belicosas e indômitas sujeitadas na África, na Ásia, na América, não é?

Luto. Senhor meu Deus, tudo está ao contrário, perdem-se almas na mão herética, e os salvados, desterrados ficam — sem casa e pátria.

Mar. É necessário cuidado. Imaginem: entram os hereges nas igrejas, derrubam dos altares os vultos e as estátuas dos santos; despojados os templos, se acaba a cristandade católica no Brasil e as ervas nascem nas igrejas. Deus dorme. Cabe acordá-lo.

Luto. Após o dito, o arrogante Vieira conhece ser o tempo o melhor comentador do que se professa; mesmo na raiva.

Mar. Cabe aqui um recital, acompanhem-me: em janeiro, a armada derrotada; em abril, armada holandesa na Bahia e temores por toda parte; em maio, saqueado e destruído o Recôncavo; em junho, o rio real ocupado pelos inimigos.

Luto. De 20 de junho em diante vira a folha da fortuna.

Ironia. Em agosto, mês de desgosto, vencido o inimigo nos campos.

Mar. Em setembro, recuperado o rio real e desalojado o inimigo; em outubro, os intentos do holandês no Camamu reprimidos, os temores do gentio de Ilhéus sossegados, e, sobretudo, a gloriosa vitória do Espírito Santo; em novembro, o incêndio das cenas e assolação dos engenhos de Pernambuco e; em dezembro, embaixadores dos holandeses a pedir tréguas, a oferecer partidos, a reconhecer a superioridade dos portugueses, dos quais antes zombavam.

Ironia. Vieira tenta dirigir os acontecimentos assistidos. Coloca-se na referência a tudo. Imagina-se uma espécie do povo de reis, súditos de si mesmos, tão leais quanto ousados, onde a sátira pontua moralmente, por ser ela maior que a vida.

Luto. Na chegada do novo vice-rei, d. Jorge Mascarenhas, marquês de Montalvão, não há entusiasmo entre a população da cidade. Todos se encontram calejados no abandono e preces inúteis. E desta situação Viera extrai os elementos da prédica da Visitação.

Mar. Alegria, enfermo gênero humano. Alegria! Comece a esperar o melhor de seus males.

Luto. Mas como levantar os arcos triunfais à cabeça de uma província vencida, assolada, queimada e de tantas maneiras consumida?

Mar. A prudência não desmente o estado da cidade.

Ironia. Ora, chamam o marquês de Montalvão a curar o enfermo; e quando desembarca, é necessário ressuscitar um morto!

Mar. Grata denúncia. Quem assiste ao descaso no governo da Colônia, vê entrar um e sair outro, e o que está ficar pior.

Ironia. Caso fossem verdadeiras todas as certidões dos soldados do Brasil, caso as rimas das façanhas bélicas fossem no papel o que não são nos originais, nada mais querem os portugueses!
Luto. Se assim fosse, não há temor da Holanda, nem da França, nem da Turquia.
Ironia. Em 11 anos de guerra contínua e infeliz, onde tantas derrotas, tantas retiradas, tantas praças perdidas, nunca vejo um capitão, nem ainda um soldado, saldar as vitórias com o real preço: a vida.
Mar. No verso desta mentira das escritas, Antônio Vieira pede justiça; completa, indiferente, rigorosa.
Ironia. Justiça: se tirar do Brasil, no Brasil se há de gastar. Quanta ingenuidade, não é?
Luto. Vamos em frente! Que da justiça nestas terras nem a morte se encarrega. No ano de 1641, o nosso jesuíta defende Felipe IV contra os anseios sebastianistas — que esperam, no ano de 40, o retorno de d. Sebastião.
Mar. Vieira não tem nenhuma informação sobre a Restauração portuguesa frente à Espanha, ocorrida em 1º de dezembro de 1640. Apenas honra a presença do marquês de Montalvão. E cá pra nós, nunca a sua idéia de pátria retira do horizonte o valor de Espanha.
Ironia. Deus, Senhor dos mais agradáveis males! Herda Felipe IV, e quem diz herança supõe verdadeira morte. Viva, então, o santo e piedoso rei d. Sebastião — pois já é passado o ano dos 40. Viva e reine eternamente ao lado Dele, sustentando do céu, em suas orações, o reino, que no demasiado valor perde na terra.
Mar. Alguns dias se passam; chega à cidade de São Salvador caravela trazendo a notícia da Restauração portuguesa frente a Castela. Seja este, entre todos, o maior exemplo, assim das guerras como das conquistas portuguesas; pois todo o vencido e conquistado em 500 anos, alentados das promessas do céu, é restaurado em um dia.
Luto. A notícia agasalha Vieira — nada parece ter dito ao contrário.
Ironia. Adere à situação. Ele é do povo de reis, não é?
Mar. Concordo.

Luto. Eu também.
Mar. Parte junto ao filho do marquês, d. Fernando Mascarenhas, em direção ao reino restaurado em seu orgulho e promessas. Embarca no dia 27 de fevereiro; junto, o padre Simão de Vasconcelos.

***

Afasta-se o Luto. No silêncio do ambiente, o Mar e a Ironia falam muito perto um do outro.
Ironia. Na noite profunda, anterior à travessia, as aventuras assistidas ofendem a memória de Vieira. O pressentimento é trêmulo. Adequa-se à excitação da partida — você o espera. A sensação infantil ronda a sua atenção. Pisa a nau.
Mar. Curioso pelas sombras destacadas, na disposição das velas, trama conjecturas.
Ironia. Sendo apenas fantasias, a motivação assume o colorido da manhã.
Mar. Compartilha dos instantes estremecidos anteriores ao sol alto; pergunta-se: reserva o destino alguma coisa próxima à facilidade que Deus tem em acabar com toda a Sua obra, neste quebranto da luz?
Ironia. A travessia lhe ensina, todo poente não cicatriza.
Mar. Na viagem contempla o farol único da fé: o sol.
Ironia. Esta luz não vacila; nada tem das estrelas e dos homens.
Mar. A cada um dos meus respingos, outras tantas sinas. E numa ternura pelo inconcebível, reza a santa noite que esparrama as estrelas, como as grandes navegações espaçaram os portugueses; quanto mais, jesuítas.

Prelúdio da Passagem

Atravessia é um fenômeno de instrução. Percorrer águas e mais águas, providenciando para si rascunhos do destino, é, talvez, admitir a alma do lado de fora do tempo. O simples mecanismo de associar idéias não encontra, no excesso de espaços, situações passadas superimpostas ao presente. A alusão às experiências torna-se movimentos de leituras que se fazem convertendo, espacialmente, a sensação de horizonte em expectativas veladas — sem o conforto temporal adequado.

Entre a partida e a chegada, no mar e mar, a obsessão compensatória condiciona a memória do viajante. Atravessa-se uma vastidão dando passos para dentro da psique. Sem que se seja marinheiro, o que cabe, a quem navega, é a hipérbole magnífica das grandes altitudes e profundos abismos na superfície do porvir. Neste ordinário dos anseios da viagem seiscentista, formam-se os primeiros elementos característicos do eu interior — completo no êxtase romântico.

Tais elementos — a solidão íntima, a angústia de mundo e a suspensão dos limites — reificam o sujeito. No ambiente primário da formação de eu interior, a suspensão dos limites (a dúvida sobre os sentidos) amalgama a criação de Deus à figuração: o homem experimenta o mundo expandindo a mais pura certeza, a morte.

Na extensão da morte, as palavras atestam o patrimônio cristão sem poder, de fato, herdar, em seus sentidos, a verdade. Daí, a retórica promover o conhecimento ao grau médio da profecia, censurando o futuro imediato antes do nascimento, e converter o pretérito em insistência aguda sobre o presente; vendo os seus espíritos impressos em todas as conjunturas.

Antônio Vieira é este tipo espiritual de homem — convencionalmente denominado barroco. Alimenta-se da idéia de que há na força da imanência pontos dourados de transcendência. Como fenômeno transitório das suas vontades, afirma a sua consciência imediata. A amplitude do mundo, porém, o inquieta e o faz desejar que ela dependa dele, para, enfim, ser muito mais: um livro com um fim categórico para a morte.

Luto. Sete novas manhãs, a frase ouvida, sabe-se lá quando, parece dimensionar o tempo de travessia de Vieira no Atlântico. Grave mentira eu sei, a viagem é mais longa. Porém, a marca das sete novas manhãs insiste.

Ironia. Creio no valor das suas palavras. Entretanto, sete novas manhãs são medidas cabalísticas, graduadas nos sonhos da espera.

Mar. Por falar em espera: olhem Vieira na travessia do meu já cansado Atlântico.

Luto. Lá está o contemplador das figuras de palato. Veja: o Mar o quer marcado.

Mar. Verdade. No início da viagem até lhe dou ares afortunados. Nave ao suspiro da terra a tocar o meu manto. Intimidades.

Ironia. Se vai a frágil barquinha a cumprir o seu destino de antes, de hoje e quiçá do amanhã — e o senhor a se fazer de bondoso.

Mar. Isto em nada me ofende. Quando a barquinha se distancia da costa, canso-me. Quero dar a Vieira o trauma do concerto marítimo. Nunca mais lhe dou viagem tranqüila.

Luto. Sofre a frágil barquinha ao vento e nas suas ondas!

Mar. Fabrica água; pesa em demasia. Desfaz-se do batel, da artilharia e de outras coisas náuticas. Perde a forma dos mastros e das velas. Afasta-se do rumo a Lisboa. Busca o porto mais próximo. Deixo-o atracar em Peniche no dia 28 de abril de 1640.

Ironia. Mareados na angústia e no temor, são recebidos na fúria popular. Ouve-se: há entre eles um Montalvão. Traidor! Traidor! Homem de Castela, sua mãe está presa no Castelo de Arraiolos. Traidora!

Mar. A gente da vila pretende matá-los.

Luto. Acode o governador da praça. O conde de Atouguia os recolhe na sua casa; "aprisionados".

Mar. Serenados os ânimos, lá estão: Vieira, d. Fernando, e o padre Simão de Vasconcelos.

Luto. No primeiro contato, conhece Vieira a ignorância navegante na raiva turba.

Mar. As terras portuguesas nunca deixam de mover contra Vieira uma fragrância êmula. Só Lisboa, independente da graça ou da desgraça, o acolhe num pôr-do-sol barroco.

Ironia. Onde a luz refina sua presença, retirando das coisas a materialidade, elevando-as ao grau absoluto da promessa de sete novas manhãs.

Luto. Bem dito, senhora. Desfeitas as desconfianças, partem a Lisboa.

Mar. D. Fernando é recebido por d. João IV. Jura fidelidade.

Luto. Rei da Restauração portuguesa; eterno na alma de Vieira.

Mar. A audiência se dá em 30 de abril. Ao lado do Montalvão, Vieira — o homem da Companhia de Jesus.

Luto. Não tenham dúvidas, toma a palavra o nosso motivo. Declina serviços prestados e fundamentos das expectativas das quais é portador.

Mar. Vieira gosta em demasia de se ver no espelho da eternidade. Seu corpo serve ao próprio conhecimento, assim como aço no espelho serve à vista.

Ironia. O aço serve à vista, porque rebate e lança de si as espécies vistas no espelho, de maneira que o mesmo que impede o conhecimento direto serve ao conhecimento reflexo. Assim é no homem o conhecimento de si mesmo: se parar no corpo, ignora-se; se refletir sobre a alma, conhece-se.

Mar. É. Vieira revela o seu íntimo repleto de vontade de si e de mundos. Quer fazer surgir, nas desdobras das palavras, o Portugal das grandes navegações no espelho do seu rei.

Ironia. Claro, é homem criado em terras de sol sem fastio. Nenhum reflexo, portanto, lhe é suficientemente propício.

Luto. Sente-se altivo na metrópole, a receber olhares e a escuta do rei.

Mar. O passado de Portugal é tão exemplar! A capacidade de fazê-lo extinguir-se no presente é obra improvável.

Ironia. A marca de colono gruda. Vieira porta anseios fortes da pátria desejada; portanto, precisa ocultar as faces portuguesas da vergonha. Necessita compor um espelho, capaz de dar ao presente de Portugal a imagem de um outro futuro em glória e ventura.

Mar. Toda Colônia se atualiza nas vistas admiradas do jesuíta. A cada manhã dos primeiros dias, ao sol de primavera, um ar da veracidade reflexa se revela nas curvas dos edifícios, nas janelas abertas e nos telhados sonhadores de Lisboa.

Ironia: E Vieira suspira, colonialmente: devo esquecer de onde venho?

Mar. Naqueles reflexos lisboetas, Vieira passa a crer nas alusões individuais provenientes das imagens pretéritas, montadas em épica, figuradas biblicamente, armadas de classicismo em qualquer ação. Na sua bagagem de além horizonte, a vontade de ver surgirem implicações históricas exige sete novas manhãs para a criação de um novo mundo.

Ironia. O querer imódico da Colônia só Lisboa é capaz de suportar.

Luto. Sinto agora e me perco contando, tristemente. Nada é mais pertinente à imagem de sete novas manhãs do que a evidência: há de se fazer algo.

Ironia. Fazer algo, os motivos são poucos — se penso bem, grandes são as questões se comparadas à pequenez do agente.

Mar. Gosto da seguinte idéia: a biografia de Vieira, desfocada e desolada, coagula a hemorragia da composição originária dos Descobrimentos portugueses.

Ironia. O senhor quer dizer: a individualidade de Vieira se confunde na ilusão narrativa daquele fato. Algo da apreensão fantasmática de si, enquanto indivíduo ao alcance daquela fatalidade histórica.

Mar. É. Isto se evidencia no merecimento da simpatia do seu rei. A efervescência do orgulho, na grandeza da herança dos outrora reis portugueses, se inventa nos olhos de Vieira.

Ironia. Tendo olhos, trata, próximo ao seu rei, dos negócios daquela jovem província. O que fazer dela, paz ou guerra com a Holanda? O reino de Portugal está em ruínas. Há falta de tudo: capital, prestígio político e decisões objetivas. O papa não recebe o embaixador. A Dinamarca não admite a Confederação. A Rússia não mantém o comércio. A Holanda não guarda amizade. A França, mais obrigada, não manda embaixador. O Brasil sem moeda, porque não há o rio da Prata, sem escravos, por ser Angola holandesa.

Luto. Neste ínterim das grandes circunstâncias, aprende, rapidamente, o nosso jesuíta, a adaptar o seu espírito turbulento à alma frouxa de d. João IV.

Ironia. Aprendizado rápido, em 1644 já é pregador régio.

Mar. Seu rei: homem vingativo e, às vezes, bastante cruel. Tipo de sua classe, embora atrasado alguns séculos. Inconstante; bastante influenciável.

Luto. Puro e terrível realce. Os melhores e mais fiéis amigos sempre correm riscos. Basta existir o inimigo favorável de um amigo para que a postura real deixe a amizade ao sabor dos ventos ocasionais. Isto acontece a Francisco de Lucena, d. Francisco Manuel de Melo, ao marquês de Montalvão, ao conde de Vila Franca e a Manuel Fernandes Vila Real.

Ironia. Aprende Vieira a ser safo antes; nesta história de dar muito e receber a desgraça. Um Lábia.

Mar. A capacidade de nutrir razões de estado, sustentadas na retórica pátria, dádiva de Deus, produz uma atmosfera favorável a ele. Exerce inestimável sedução sobre a rainha.

Luto. Tudo porque a devoção cristã é o ambiente — quanto mais no Paço.

Ironia. Grande público. A pressa em abordar tal ou tal igreja demonstra a atração exercida pelos sermões. Eis a pátria da palavra; expulsas as imagens plásticas.

Luto. Não há imagem capaz de dimensionar a pátria presa ao "realismo" tosco e chão das letras. E, por pouco, Vieira não fica acorrentado às ocorrências mentais. Mesmo assim, teve a honra de viver neste momento. Sente-se bastante seguro.

Mar. Nem é para menos. Na Semana da Paixão de Cristo, a família real, de quinta a domingo, nem se deita na cama e nem se senta senão no chão. Assiste ao Senhor em preces e rezas. Permanece na capela real, dia e noite. O herdeiro, d. Teodósio, no qual Vieira investe o melhor das suas expectativas e formação, nunca perde menos de três horas, diariamente, nas orações.

Ironia. Quando querem ouvir música, não titubeiam, mandam cantar um salmo ou um *magnificat*, não é?

Mar. Ambiente repleto de flocos proféticos.
Luto. São eles: as trovas do sapateiro de Troncoso, Bandarra, que desde 1540 levanta a veste do futuro, prometendo em 1640 o retorno do Encoberto e muito mais; o santificado frei Gil de Santarém, profetizando o inesperado para Portugal; a estrela de 1640, surgida no mesmo lugar onde o cometa de 1580 anuncia a ruína de Portugal (fazendo Kepler interpretá-la como a entrada de um novo Estado no cenário, cujo crescimento vai presidir os desejos de todos no Império Universal).
Mar. Tem mais! De Lamego vem a voz de um lunático: viva el-rei d. João! Do Alentejo, vem o caso do rapaz belíssimo e desconhecido, de tez branca a convidar os olhos — um anjo, digo —, falando ao povo: o senhor de Bragança reina.
Ironia. Não se esqueçam; quando a Restauração se dá, milagres! Numa procissão, Cristo levado em ação de graças, no dia da Aclamação do rei, desprende da cruz um dos seus braços, abençoando o povo. Naquele instante, o céu configura a imagem do Sacramento no disco da lua, não é?
Luto. Nada há demais nesta mística profética, pois em cada igreja se vê, por exemplo, o retrato de Bandarra exposto ao lado das imagens santas!
Ironia. Louvação popular. D. João IV não recusa a investida profética. Oh reis!
Mar. Num ambiente tão acolhedor, no dia do Ano Novo de 1642, prega Vieira pela primeira vez em Lisboa, na capela real.
Luto. As vozes da opinião pública o consagram: Fênix da Tribuna Santa.
Ironia. Dá-lhe política. De um lado, os afetos de Castela; de outro, os sebastianistas. Grande platéia; ótima comédia.
Mar. A exaltação toma conta do ar. Vieira é homem alto; porte rígido. A tez avermelhada, na cor do fim da tarde, doa ao ambiente o aspecto das inebriáveis convicções provenientes da esperança. A cabeleira abundante, no desalinho comum da revolta, produz a sensação de vendaval. A face expressa a condução dos grandes olhos.
Ironia. Tem boca fraca, na qual o sorriso se apresenta sem a censura dos músculos. A voz é de tom metálico e a harmonia, sensata. Que som propício para que a emoção e a inteligên-

cia, o real e a fantasia, a fé e a dúvida solicitem o arremedo de minha presença!

Mar. A "docilidade" dos trópicos lhe dá a primazia do quero mais.

Ironia. É rapadura.

Luto. Deixem de farra. A fidelidade de Vieira ao seu rei é a questão.

Ironia. Portugal busca um rei por esse mundo, pergunta por ele, não sabe onde está, chora, suspira, geme. E o rei vivo e verdadeiro aceita-se encoberto. Ai de mim!

Luto. A razão é porque as coisas que faz Deus, e as que se hão de fazer bem feitas, não se faz antes nem depois, senão ao seu tempo. Eis por que acontece esperar os anos 1640. Neste momento, Castela está embaraçada por muitos inimigos, apertada em guerras dentro e fora. Nas impossibilidades, a mais segura Restauração.

Mar. No ambiente pátrio restaurado, o modo de Vieira pregar se faz único.

Ironia. As palavras parecem dilatar a equivalência geral existente nas mercadorias. Troca. Destroca-se. Aliena a si. Derruba o sentido e afirma a totalidade da espera por mim.

Luto. Convencida.

Mar. Nada em Vieira se compara ao malabarismo retórico em uso. Há nas suas palavras a simples rigidez das metáforas.

Ironia. Melhor dizendo: não é apenas ato de eloqüência para comover ou convencer, segundo as santíssimas bulas retóricas — e estudiosos de plantão; mas, o ato primoroso de vencer. Entusiasmo de quem porta a verdade, quase sempre em pouca roupa e cheio de moedas no bolso.

Luto. Tudo faz de forma a assegurar a redenção do reino nos seus discursos.

Ironia. Vieira se deleita na política — ambientada na antecâmara metafísica da religião.

Luto. Assiste-se, a tal ótica, na censura de setembro, antes da reunião dos Estados Gerais.

Ironia. Vieira iguala os estratos sociais no pagamento dos tributos, como bem mandam as razões de equivalência abstrata no mundo das mercadorias.

Mar. Cada um é, mas, para ser, deve ser mais do que se é e pode. Abrir mão dos privilégios em favor de algo maior: Portugal, Portugal e Portugal.
Luto. Acompanhem-me: o estado eclesiástico deve deixar de ser o que é por imunidade, e animar-se a assistir com o que não deve.
Mar. O estado da nobreza deve deixar de ser o que é por privilégios, e alentar-se a concorrer com o que não usa.
Ironia. Eis o coro: a todos é coisa muito doce o receber, mas tanto que se fala em dar, grandes amarguras.
Mar. O estado do povo deve deixar de ser o que é por possibilidade e esforçar-se a contribuir com o que pode.
Ironia. Eis o coro: o povo é quem paga — não sei se por lei, se por infelicidade; o melhor é não saber o porquê. Se o povo paga voluntária e generosamente, há de denominá-lo príncipe.
Mar. Em Lisboa não há três estados, senão dois: eclesiástico e nobreza.
Luto. Se quisermos dizer três, teremos de falar: eclesiástico, nobreza e príncipes.
Ironia. Eis o coro no final da peça: se há príncipes, quem há de animá-los na grandeza d'alma? Pobre povo.
Mar. Não demora; os três sermões do período ganham letras de metal.
Luto. Publicados, a fama se espalha. Onde passa, queima vaidades. Tantos interesses contrariados nas palavras dos sermões do Ano Bom, São Roque e Santo Antônio.
Ironia. A fama leva sempre consigo na sacola o atrevimento.
Mar. Saibam cristãos, saibam príncipes, saibam ministros; Deus há de pedir estrita conta do feito.
Ironia. Grande ingenuidade.
Mar. Não falo à toa, pois atípicos são os jesuítas portugueses. Por exemplo, se as constituições da companhia determinam não entrar nos conflitos entre os príncipes, abertamente em Portugal, os jesuítas levantam a voz contra Castela.
Ironia. Ora, a verdadeira guerra ofensiva é a que ofende ao competidor dentro de suas terras. Bonita, a frase é; contudo, bem acomodada.

Mar. Para além deste gosto de pátria posso afiançar ser outro, que, muitas vezes, predomina no paladar de nosso jesuíta. Refiro-me àquele entre a Companhia de Jesus e a inquisição. Ele adora desafiar a instituição da sacra ignorância.

Ironia. Combater a inquisição portuguesa é ter vassoura fina na limpeza da pátria, de forma a tirar o lodo que o senhor deixou aos pés da promessa.

Mar. Não pude evitar tal situação. Antes, nas margens do Tejo, os portugueses fabricam íntimas caravelas aos meus trejeitos; agora, o som dos martelos, serrotes e o odor da calefação apenas se sentem, com grande abuso, nas texturas dos papéis.

Luto. Na contenda contra o Santo Ofício, Vieira escreve o papel de título: "Proposta feita a el-rei d. João IV, em que se lhe representa o miserável estado do Reino..." — 1643.

Mar. Em todas as frases estala: abrir os cárceres; solicitar em Roma o perdão às heresias até a data; fazer voltar aos hebreus foragidos; dar segurança a eles; modificar o processo inquisitorial.

Ironia. Hei! — escrito sem assinatura.

Mar. Pouco importa, o importante é: se há nas fileiras do exército luteranos e calvinistas, por que não cristãos-novos, a enriquecer o reino?

Luto. Este tipo de raciocínio não é bem aceito na companhia.

Mar. A possibilidade de expulsão de Vieira da Companhia de Jesus torna-se promessa de alguns.

Ironia. Quem tem padrinho real, da vida faz razões sem sentido e das dúvidas certidão de bons antecedentes.

Mar. No interior da Companhia de Jesus as disputas, sobre o assunto cristãos-novos, nunca geram unanimidade. Jamais vindo de um jesuíta sem os últimos votos.

Ironia. Coitado, muitas ocupações mundanas. Andar de liteira. Acordar tarde. Evitar o refeitório comum. De poucas rezas, o suficiente vem da fama.

Luto. Só em 26 de maio de 1644 professa os últimos votos. Logo, o período de recolhimento, necessário às práticas prescritas na ordem jesuítica, não se faz completo.

Ironia. Tadinho, compromissos mundanos o avocam. Eis o pregador régio.

Luto. Professo, ata-se completamente à política. Em 21 de agosto, lança, no aniversário do infante d. Afonso, o seu plano no sermão de S. Roque.

Mar. Aqui está o desenho: duas companhias mercantis, uma oriental e outra ocidental; cujas frotas, poderosamente armadas, tragam seguras contra a Holanda as drogas da Índia e do Brasil.

Ironia. Meu Deus! Perdoa-o, Senhor; quando menos, por ter o seu pensamento em boa fiança.

Mar. O capital hebreu é necessário. Insubstituível. Sem ele, a proposta livre na imprensa nada tem.

Luto. Em cada ação... : o Santo Ofício recolhe o escrito.

Ironia. Escândalo, diz a boca da sombra.

Luto. Não há dúvidas, guerra surda; alguns da própria companhia já se manifestam desfavorecendo Vieira.

Ironia. Se a guerra é surda, a voz ora muda: a culpa é do padre Antônio Vieira.

Luto. Quando chegar o ano de 1649, as denúncias no Santo Ofício se arranjam em brisa antes da tempestade.

Mar. Mas os jesuítas precisam dele. Nos sermões de 1645, circulantes, é Vieira a voz da companhia na guerra a Castela.

Luto. A política torna-se seu encanto e cantos de contradição.

Ironia. Senhores, ficar o rei na corte é diligência em ser vencido. Sair o rei à campanha é certeza de haver vencedor; e como el-rei está na campanha e não na corte, bem podemos prometer a vitória. Bélico é d. João IV, não é?

Mar. Tudo para o bom sucesso das armas de Portugal!

Luto. Não há exércitos em Portugal, senão todo Portugal um só exército.

Ironia. Quanta crença!

Mar. Em todo o passado Castela e Portugal não prevalecem sobre a Holanda. Como pode Portugal, só, conservar-se tendo a Holanda e Castela a esmurrar os seus portões?

Luto. Tens justa causa, Portugal isolado está — apenas o gabinete francês sinaliza auspícios.

Ironia. A verdade francesa é banho de espuma de maranhão, não é!
Mar. É necessário diplomacia.
Ironia. É!
Luto. Tentar resolver em França os problemas de Portugal, arranjando o casamento de d. Teodósio e a filha do duque de Orléans, *mademoiselle* de Montpensier.
Mar. Sem esquecer de aliviar as encrencas diplomáticas que o levante de Pernambuco, a partir de agosto de 1645, cria.
Luto. Vieira diplomata, eis o amor e o zelo de d. João IV.
Ironia. Meu Deus, qual é a conta a ser feita de maneira a subtrair o ódio existente na sacola do amor?!
Luto. O quê!
Mar. Esquece. No dia 1º de fevereiro de 1646 sai Vieira de Lisboa. Dou-lhe tempestades, querendo alertá-lo. Vinte dias depois, está em Paris.
Ironia. Paris, mundo abreviado! Só a idéia de livro é capaz de doar imagem a esta sentença.
Luto. Assim também me sugere. Fica naquela cidade até o final de março. Espera do governo francês as devidas providências sobre as diligências do acordo com a Holanda.
Ironia. É, ter os peixes dos Países Baixos nos cascos dos navios e as patas espanholas a bordo, muito em tão poucas almas.
Luto. Vieira não desperdiça tempo. Anuncia as suas convicções na casa do noviciado (Paris): por que não os da Lei de Moisés em Portugal, se o papa em Roma permite?
Mar. Arremata: há de se abolir o segredo das testemunhas no Santo Ofício.
Ironia. As ações arriscadas lhe parecem conter o sabor da hóstia.
Luto. Reprovável, minha cara senhora. De Paris vai a Calais; detendo-se em Ruão. Praça de comércio de um grande número de mercadores portugueses de sangue hebreu. Quer convencê-los a dar os seus contributivos à causa do reino de Portugal, de forma a levá-los à casa materna. Não demora, vai a Haia.
Mar. Nas terras de Holanda, a navegação é artigo costumeiro. Em muitas partes toma o navio porto à porta do seu dono,

amarrando-se a ela; e, deste modo, vem a ser a casa a âncora e o navio a metade da casa, de que igualmente usam.

Luto. Ali é necessário a Vieira demonstrar a lisura dos atos da coroa portuguesa, quanto à questão de Pernambuco. Isto não quer dizer que não houvesse emissários de d. João IV no Brasil, a prometer comendas e mercês. André Vidal de Negreiros as oferece em nome de Deus e do rei da Restauração.

Ironia. Ora, tentar convencer os holandeses de que o acontecimento em Pernambuco não tem o sentido que tem é pôr óculos na testa e ver se ela enxerga.

Mar. Em Haia, Vieira reconhece: o ambiente em nada propicia os interesses portugueses. Volta a Lisboa em julho. Deseja falar, em viva voz na corte, sobre as dificuldades do embaixador Francisco de Souza Coutinho. O embaixador precisa de dinheiro e autonomia; sem estes, nada há de negócio.

Ironia. Precisa. Carece de muito.

Mar. Capital para comprar Pernambuco a Holanda. Quanta improcedência!

Ironia. Se há preço acordado, não há fiador fácil — 3 milhões de cruzados. Belas prestações de 500 a 600 mil cruzados nas costas de tão potente ano.

Mar. Desculpe-me; Vieira não é estúpido. Nos três meses na Holanda, volta a Portugal tendo alguns arranjos assegurados. Sua proposta é: a fiança fica a cargo dos cristãos-novos portugueses, residentes naquelas bandas. A escrita "Proposta a favor da Gente de Nação" corrobora as idéias defendidas. Deseja, também, decretar o fim da época das caravelas. Navegar meu manto em época conflituosa faz essencial navio grande e bem armado.

Ironia. Caravelas: escolas de fugir.

Mar. Vieira aconselha ao rei a compra de 15 fragatas armadas na Holanda — ao preço de 20 mil cruzados.

Ironia. O mercado da pátria só tem de si a praça.

Mar. Se opõem os homens da corte; imbecis — me conhecem apenas na poeira dos livros.

Ironia. Cristãmente, a mente cristã mente.

Mar. Nem vou perguntar o significado destas palavras. Vieira não se dá por vencido, se dirige a dois mercadores e consegue o empréstimo.

Ironia. O futuro dos dois é a cave inquisitorial.
Luto. Seus nomes: Duarte da Silva e Antônio Rodrigues Marques.
Mar. Contudo, se a compra veio, é porque, no encalço, vem a galope, a inveja dos outros.
Ironia. As mercês dadas pelo rei são capitais inalienáveis de Vieira; mais amigos-onças.
Luto. Comprar Pernambuco dos holandeses; d. João IV aprecia a idéia. Promete pagar.
Ironia. Se o verbal fosse capaz de se materializar, o mundo estaria salvo.
Luto. As negociações em Haia vão de mal a pior.
Mar. A solução imediata para os problemas de Portugal é: arrumar o casamento de d. Teodósio e a dama francesa.
Ironia. Casar a nariguda de estatura elevada com o frágil rapaz de forte devoção, dado à astrologia, é o mesmo que forçar o destino a pedir perdão.
Luto. As coisas se encontram confusas.
Ironia. É. D. João IV recebe embaixadores e manda ordens. Um vai a galope, outro retorna manco; e aqueles que estão, onde podem, nada resolvem.
Mar. Num ato de desespero, o rei contempla a idéia: retirar-se para o Brasil, fazendo da Colônia um reino seu e deixando Portugal a d. Teodósio.
Ironia. Estrangular o pescoço do Atlântico Sul. Eis a Hidra.
Luto. O cardeal Mazarini o desmotiva do propósito, através do agente diplomático Francisco Lanier.
Ironia. O zelo francês sempre me comove.
Mar. A decisão é tomada em reunião dos próximos do rei. Padre Antônio Vieira presente. Espetáculo do jesuíta.
Ironia. Mesmo sendo mentira, creio: é dele a idéia da dupla coroa.
Luto. Logo em seguida, em 13 de agosto, embarca Vieira.
Mar. Dou-lhe tempestade, pois traz na mente a confirmação de minha suspeita.
Luto. Qual?
Mar. Abandonar Pernambuco aos holandeses.

Ironia. O que tem isto demais?
Mar. Aqueles peixes dos diques impedem a minha manifestação. Não me temem.
Ironia. Herança viking! Navegam ao encontro das suas ondas brincando de escorrega.
Mar. Quiçá. Vieira chega a Paris em 11 de outubro de 1647. Após várias visitas ao cardeal Mazarini e seus próximos, na virtude de saber que a França promete e não cumpre, e na condição de ter visto que o casamento principesco não ocorre, parte em 22 de novembro para Haia.
Ironia. Interesses franceses só são francos. A Liga contra Castela, entre ambos os reinos, é estuque germinado em olaria úmida.
Mar. Em Haia, Vieira toma ciência: falta liberdade nos negócios. O marquês de Niza administra os gastos no estrangeiro.
Ironia. Ave desavença! Ou sua majestade não fia as embaixadas de quem não fia o dinheiro, ou fia o dinheiro de quem fia as embaixadas.
Mar. Mas as ocasiões favorecem, sucessivamente, as elucubrações de Vieira; no paraíso dos diques, vê a esquadra de socorro a Pernambuco holandês arribar duas vezes — grande perda de navios. Um pouco mais, as notícias são: a frota está consumida.
Ironia. Há, se o destino desse, a cada negociação portuguesa, uma esquadra náufraga aos inimigos!
Mar. Na arribada, as esperanças da paz antes se adiantam do que diminuem.
Ironia. Graças devem a Deus; peleja e negocia por Portugal.
Luto. Se contenha, senhora. Vieira, ao desembarcar em Flessinga, encontra André Henriques. No bolso, crédito de 100 mil cruzados. Recursos do abastado Duarte da Silva.
Ironia. Dinheiro na banca, à alma se põe bom preço.
Luto. Exagerada. Na verdade todos os cristãos-novos estão interessados em comprar fragatas e participar das Companhias de Comércio.
Ironia. Uma delas denomina-se *Fortuna*. Navio propício às palavras d'alma e elixir dos sonhos cordatos.

Mar. Nesse ínterim, surge a notícia da prisão de Duarte da Silva pela inquisição portuguesa.
Ironia. Sumiram os créditos. Alvoroço em Lisboa. Fim do cosmopolitismo lisboeta. Os muros do Santo Ofício já estão prontos.
Luto. Pânico tremendo — cristãos-novos indo: Inglaterra ou Holanda.
Mar. Tendo esta prisão na proa, não há quem passe um vintém a Portugal.
Ironia. Notícia de prisão; sobe o câmbio alguns porcentos.
Luto. As reclamações dos cristãos-novos de Haia são respondidas "realmente" como casos de jurisdição eclesiástica.
Ironia. A covardia real frente à inquisição lembra-me o gesto da avestruz.
Mar. Vieira tenta intervir a favor da gente de nação.
Ironia. Já dizem à boca pequena sobre o nosso jesuíta: este padre não morre na companhia; mais certo é: acabar em beijos no Santo Ofício.
Mar. Mudando um pouco de assunto, em Amsterdã assiste, por simpatia e curiosidade, o culto da fé de Israel. Deseja ouvir o famoso pregador da espera religiosa, Manassés-bem-Israel.
Ironia. Só a verdade vestida cria a incapacidade de diálogo. Nua, é saborosa às mentes curiosas.
Luto. Nada entendi. Vieira fica a ouvi-lo, no canto direito da Sinagoga. Manassés invoca saberes; da tempestade às palavras. Terminada a cerimônia, Antônio Vieira dirige-se ao rabino. Busca discussão sobre as pretensões proféticas da verdade.
Mar. É, ambos acreditam existir as 10 tribos perdidas de Israel.
Luto. E no retorno delas, Ele une os homens sob o seu cajado.
Ironia. Sabe Deus o quanto de crença há na descrença e o quanto de incerteza reina na fé.
Luto. Improvável sentença ao se falar em fé, minha cara senhora. Digo: Manassés-bem-Israel punha em livro, O *conciliador*, a crença no passado de forma a garantir a absoluta verdade

da espera religiosa. E é deste livro, ou de seus comentários ouvidos por Vieira, que o jesuíta tira a idéia da *Clavis Prophetarum*.

Ironia. Alfarrábio pretenso em ser, sem capacidade de reter o fato do futuro — assim as profecias; assim o mundo.

Mar. Exegetas, exegetas, se Jesus Cristo está aqui, qualquer crente compreende — mesmo negando o que Ele é. Há de retornar Quem aqui está. Acontecer uma vez só é pouco; basta olhar à janela.

Ironia. A aproximação entre Manassés e Vieira é motivada pelo mesmo paradoxo: quem quer o infinito não acaba o que quer; quem deseja o finito nem aponta o que não quer.

Luto. A partir de sua sentença, cara senhora, posso dizer: o livro *Clavis Prophetarum* começa a ser escrito dois anos após o famoso encontro.

Ironia. Santa do Pau Oco, rogue por nós! Meu senhor, seu ditado parece ranger as portas enferrujadas do eterno purgatório ao qual estão submetidas todas as razões da história.

Luto. Qual é o motivo de estar, a senhora, jocosa comigo?

Ironia. Meu senhor, o que significa dizer: em certa hora, lugar ou tempo tal livro é escrito. Pouco por datá-lo; nada por aprisioná-lo ao seu tempo. Temos de ter cuidado, pois a datação de uma obra afirma a curiosidade e desaprova o impacto da leitura. Jamais sabendo ser este pretenso livro, do nosso jesuíta, a expressão da tarefa infinita numa obrigação finita. Jamais sabendo que este tipo de idéia, quando adere à alma, provoca um vaivém incomensurável das situações da vida, adicionando mais cola ao fato, impedindo a escrita de ser capaz de terminá-la. Jamais conhecendo, depois de tantos séculos, a existência de duas leituras: a contemporânea e a extemporânea. A primeira inacessível, mesmo tendo os sábios da decifração metódica recitado o contrário; a segunda desmedida, mesmo tendo os sábios no calcanhar a condená-la.

Mar. Deixem disso. Ventos a Vieira; pois as razões de política internacional o aguardam. Os competidores de Portugal estão a mostrar as garras nas Províncias Unidas. Publicamente, o embaixador de Castela; secretamente, o da França.

Ironia. Muito vai das ocasiões naquilo que na razão se deita.

Luto. A vontade de Vieira é combater as Províncias Unidas e pelejar contra Espanha.

Ironia. Ora, o melhor remédio é: tomar o Chile, o rio da Prata e o Peru aos espanhóis, com os portugueses que lá estão — pois sem comércio não há riquezas. Já tratar dos holandeses é levar uma ou duas companhias mercantis, compostas por franceses, portugueses e suecos, a Lisboa. O dinheiro corre todo ao lugar onde tem mais ganância.

Mar. Sem dúvida; no entanto, ao nascer do dia 5 de julho de 1648, o arrepio espalha-se no corpo de Vieira. Os sinos em Haia tocam insistentemente. Correm as pessoas na direção do prédio onde, solenemente, se faz a declaração de paz com Castela.

Ironia. Os sinos batem, a paz voa e as negociações atolam.

Mar. E para acrescentar, chega a notícia: venceram os colonos aos holandeses em Guararapes.

Luto. Nem por isso as negociações cessam. Vieira tenta vender a paz à Holanda. Aceita reparar os danos provocados. Reconhece a necessidade de ceder Angola. Sem negros não há Pernambuco e sem Angola não há negros.

Ironia. Nos corpos dos negros a barbárie pare a civilização!

Mar. Há de se dizer: Vieira negocia sem instruções, sem informações e notícias. Na noite de 30 de agosto, o estilete da política corta-lhe o ímpeto. Esperando ver instruções de Portugal, de maneira a consagrar as negociações diplomáticas, é mandado voltar — junto ao embaixador Francisco de Souza Coutinho.

Luto. Em 15 de outubro encontra-se Antônio Vieira em Lisboa, adoentado. A sua mágoa é evidente: vomita muito.

Ironia. Em cada lanço compõe o libelo: o amor é filho da abundância e da penúria; só os cínicos amam em público.

Luto. Nesta estação, vê o Conselho de Estado rejeitar as suas proposições sobre Pernambuco.

Mar. D. João IV não desiste. Manda a proposta a outras instâncias de poder. Conselho de Guerra, de Fazenda, Ultramarino, Mesa de Consciência e Câmara de Lisboa; todos rejeitam.

Luto. Querem a guerra! A razão da escolha mostra-se no íntimo partidário de cada um.

Ironia. Um dia amante aleivoso; ecos na vida toda: Judas do Brasil!!!

Luto. Não desanima — isto não lhe pertence. Recebidas as rejeições, responde escrevendo o célebre *Papel forte*.

Ironia. Ora, ora e ora; transplantem Pernambuco a outra parte; não falta terra, senão braços. Pode se fazer vários pernambucos. Dá-lhes por vontade; vão tomar pela força. Dá-lhes, ou antes, se leva, se assim se quiser retirar.

Mar. O raciocínio de Vieira é simples: se Castela e Portugal juntos não vencem a Holanda, como pode a terrinha sozinha? Se os holandeses têm 11 mil navios e 250 mil marinheiros, basta contar os dos portugueses.

Luto. Logo usa o púlpito — prega o sermão de Santo Agostinho. A prepotência dos maiores nas razões de estado legitima o discurso e amplia suas teses.

Ironia. Como o senhor pode tomar uma pequena obra de arte e submetê-la às fáceis condições de contexto! Não nego haver resposta de Vieira ao primado dos opositores; contudo, é bom admitir: este sermão antes impõe desconfianças sobre as conjunturas, do que as abraça. Abre temporalidades nas quais o ato da pronúncia extrapola o seu simples dizer. E se é posto em escrita mais tarde, acrescente a isto o valor da mentira. Quem se demora, namorando a sabedoria fácil de um contexto, perde o gozo que na liberdade há.

Luto. Mil perdões, *versus* a estes argumentos, minhas preces conatas são orações ímpias.

Mar. Ventos a Vieira. Sucumbido, recebe outra tarefa de d. João IV: dar tratos às propostas acerca dos cristãos-novos — dispensá-los da pena de confisco de bens, quando das Companhias de Comércio.

Ironia. Que amigo!

Mar. Há um milhão e 300 mil cruzados de cristão-novos para a Companhia Ocidental. Mesmo Duarte da Silva, preso nas celas do Santo Ofício, após o desembaraço dos seus bens, conforme a nova lei, subscreve o fundo.

Ironia. Em rios de dinheiro, a sabedoria de estado lava a cabeça em igarapés sem bênção.

Luto. A evidência maximiza-se: revolta do Santo Ofício. Em outubro de 1649, os membros da inquisição recorrem ao papa. Não desculpam o rei de tamanha ousadia. Quantias metidas na Companhia de Comércio, por cristãos-novos, imunes ficam. Escândalo em todo Portugal.

Mar. Traidor! Herético! Soletra a turba.

Luto. E este é: o padre Antônio Vieira.

Ironia. Ah, senhores! Ouçam o que é um fato precioso: ter inimigos parece um gênero de desgraça, mas não ter é erro maior; há desgraças tão honradas que tê-las é ventura, não tê-las verdadeira desgraça.

Luto. Nestas supostas conjunturas, em outubro na Sé de Lisboa, Antônio Vieira destila sua sabedoria no colo dos amigos da inquisição.

Mar. Lembrem-se: por promessa a Salomé, o degolado Batista está à mesa a mando do rei. No pretexto da religião, vêm encobertas: a vingança e a tirania.

Ironia. Ó juízes! — caminhem ao inferno. Cuidem, cegos e estúpidos; suas mãos, das quais retiram as sentenças e as acusações, não mais se lavam.

Luto. Grande exclamação, senhora. Os fariseus e os escribas não tardam. Denúncias de heresia, deste janeiro de 1649, habitam os sonhos do Santo Ofício.

Ironia. Algumas testemunhas estão lá, deliciando-se.

Mar. O melhor depoimento é aquele do capelão régio, João Piçarra. Assim conta: no quarto do príncipe d. Teodósio, na presença do rei e fidalgos, sustenta Vieira, na disputa, que o pontífice pode errar na canonização dos santos, não sendo obrigatório crer no contrário.

Ironia. Ora, o papa é homem, logo erra. Nada há mais nisto — nem falta de fé e nem desobediência se arranja. Há, isto sim, a manifestação do desejo proveniente da cidade amada, Lisboa, exibindo um valor cosmopolita restrito a pouquíssimos homens. Há história, portanto, toda cidade exige uma religião. Vide Roma; e por que não Lisboa?

Luto. Bem dito. Mesmo tendo testemunhos, não encontra o Santo Ofício motivo a chamá-lo à mesa.
Ironia. Seu escudo é rei.
Luto. Ao mesmo tempo, os problemas internos de Vieira na Companhia de Jesus continuam. Para os irmãos austeros, é escândalo mundano; para os maus, é autor de canções românticas; para os tímidos, é ousado em demasia; para os poderosos, é instrumento ativo dos interesses da coroa.
Mar. Se venta denúncias e queixas, tudo leva a Roma. O geral da companhia, na cidade eterna, intimida o nosso jesuíta a sair da companhia, em 1649.
Ironia. Quem tem rei apadrinhando espera a tempestade passar nadando em mar revolto.
Luto. Não brinque, o amor de Vieira pela companhia é real.
Ironia. Sem dúvida, real!
Mar. Mesmo assim, é bom não correr riscos. Ser expulso da Companhia de Jesus é chamar o desprezo de amigo.
Ironia. Os olhos jesuítas não dormem; têm a curvatura da terra.
Luto. Amenizadas as desavenças, acanhadas as mazelas, é designado Vieira a ação diplomática em Roma.
Ironia. Que amigo é d. João IV, não! Manda o cristão ao coração dos santos leões.
Luto. Não brinque, a missão é demais confusa. De um lado contrapor à Espanha em Nápoles, cuja rebelião palpita; de outro, casar d. Teodósio e a filha única do rei da Espanha.
Ironia. Sonho de anão em noite de gigantes.
Luto. Parte em 8 de janeiro de 1650, tendo a companhia do padre Luís Pessoa. Antes, o rei dá graças aos seus familiares.
Ironia. Ó reis! Seus beijos mordem; já a mordida envenena.
Mar. Nem sete novas manhãs são passíveis de retirar Portugal da letargia. Mesmo assim, Vieira vai, e, quando voltar, nada fica ao deixar.
Luto. Quanto ao futuro casamento, o nosso jesuíta defende a idéia: não há primogênito melhor e mais digno, em toda

a Espanha, que possa desposar a princesa. Quanto mais no estado presente, trazendo o dote Portugal, e a metade do mundo.

Ironia. Que metade? Já os ratos devoram o queijo.

Mar. Sem delongas, na mente de Vieira tudo se resume a Lisboa. No século anterior, o rei Felipe II teve sino de considerar a cidade o melhor lugar para capital do seu império. Onde as ondas batem nos muros, onde o manejo da frota se faz íntimo dos ventos que mudam aos instantes.

Ironia. Ora, ter capital a quilômetros de distância é ver navios pintados na água pouca e doce.

Luto. Se alguns eram a favor da nova união ibérica, os do contra ganham.

Ironia. Razão tem Eça de Queirós: o melhor para Portugal é a Espanha, não é?

Mar. Deixe de impertinência, minha cara senhora.

Luto. Os representantes espanhóis em Roma não demoram a mostrar as garras. As ameaças internas na Companhia de Jesus contra o nosso amigo continuam. Sai de Roma, Vieira dos portugueses — diz o geral jesuíta.

Ironia. Na Companhia de Jesus, achar-se é perder-se em casa. Antes só do que bem acompanhado, não é?

Mar. Talvez. Em julho já parte; negócios destruídos — eis fracassado o conselheiro de el-rei.

Luto. Em Portugal, o Santo Ofício desconfia de Vieira. Crê na possibilidade de estar o nosso jesuíta, em Roma, a inutilizar as suas reclamações. Assunto: a proteção dada aos cristãos-novos na terrinha, a partir da nova lei.

Mar. Antes de Vieira retornar a Lisboa, o breve de Inocêncio IX está aí — declarando a improcedência do alvará e instigando aos inquisidores a rebelião.

Mar. Mesmo nos protestos dos senhores do medo, a lei se consagra. De vento em popa, as velas da Companhia Ocidental se vão a traficar. Comercializando, deixam restos no nome do seu inventor. Fraca está à influência de Vieira na corte.

Luto. Tem contra si: os conselheiros, os bispos, os religiosos de outras ordens. Sobe Vieira ao púlpito, na primeira dominga do Advento, em novembro de 1650.

Mar. Eleva-se, porque nada tem a perder.

Ironia. A situação portuguesa é esta: consulta-se ao conselho o lugar de um vice-rei, de um general, de um governador, de um prelado, de um ministro superior da Fazenda ou Justiça; e o que sucede? Vota o conselheiro no parente, porque é parente; vota no amigo, porque é amigo; vota no recomendado, porque é recomendado. E os mais dignos e os mais beneméritos, por não terem amizade, nem parentesco, nem valia, ficam de fora pastando. Isto me lembra alguma coisa...

Luto. Triste estado é este; não há quem se salve.

Ironia. Ora, se vão os homens ao inferno pelo caminho do inferno, desgraça é, mas não é maravilha. Ir ao inferno pelo caminho do céu é a maior de todas as misérias. Maravilhas!

Luto. A política lhe morde o peito. Nesta dor, sobe ao púlpito outra vez — na quaresma de 1651 na capela real.

Ironia. Declino pelo senhor.

Luto. Obrigado, quanta honra.

Ironia. Na verdade, bom é ser aranha no palácio do rei. Como não tem pés, apenas mãos e cabeça pequena, sobe, mão ante mão, a um canto daquelas abóbadas douradas. Quando lá chega, a primeira coisa feita é: desentranhar-se toda em finezas. São esses fios tão finos, em princípio mal se vêem, que armam as suas redes. Depois, é só pescar e comer. Tais são as delgadas aranhas do palácio.

Mar. Quantos são no palácio os amigos de seus interesses, tantos são os inimigos do rei, não é?

Ironia. É. Jamais sabendo não haver vontades menos amorosas que as soberanas, nem coisa mais oposta ao amor que a majestade.

Mar. Ele aprende rápido.

Ironia. Ainda que alguém faça por merecer, nada consegue; antes, muitas vezes, logra mais quem merece menos.

Mar. Maior sabedoria não há!

Luto. Vieira sente-se traído. Portanto, ocupa-se, em 1652, no preparo da missão ao Maranhão e Grão-Pará.

Ironia. Pressões de cima lançam qualquer um abaixo.

Mar. Boa tirada, minha senhora. Tanto a Companhia de Jesus quanto a corte o querem fora dos negócios reais.

Ironia. Para baixo, para baixo.

Mar. Dos seus parcos recursos, como pregador régio, acumula o primeiro capital da aventura.

Luto. Posso dizer: o rei promete acrescentar um pouco mais de renda — 400 mil réis situados nos dízimos do Brasil.

Ironia. Promessas! De capital: a impressão dos papelinhos de Vieira, esmolas dos parentes, empenhos de dívidas e minhocas na cabeça.

Luto. Vai; superior da Missão no Maranhão e no Grão-Pará.

Mar. Vai, mas não vai. O rei não sabe o que fazer.

Ironia. Uma comédia de dois meses brilha no comum da prata falsa. O rei chega a recebê-lo, zombando da sua fuga e lhe dando dúvidas.

Mar. Se em setembro a comédia se inicia, em 25 de novembro forja a sua continuidade. Vieira acredita na nova intervenção do rei — espera ver o gesto de d. João IV o impedindo de ir.

Luto. O nosso jesuíta se dirige sem susto à caravela. Espera um não entre — ordem real.

Mar. Sobe. O esperado não está.

Luto. Grande maldade é saber que se vai sem querer ir, ficando todo quando o navio já parte consigo.

Ironia. As velas se largam, e Vieira dentro e ausente de si. Maior sentimento não teve. Está exilado, indo, indo e indo. Lá se vai, voluntário na primeira opção e violentado na segunda. Deus o quis com vontade, ou sem ela, que fosse. Se tiver que ser, que seja, não é?

Mar. Vieira missionário dos sertões de outros eus — Maranhão e Grão-Pará.

Luto. No dia 16 de janeiro de 1653 desembarca em São Luís.

***

Vai saindo o Luto a enxugar as gotas de saudade escorregadas nas suas faces brancas; não sem antes ouvir as intimidades que trocam o Mar e a Ironia.

Ironia. Diga-me, caro Mar: conhece algum remédio específico para as minhas cólicas sarcásticas?
Mar. Sim, a exaustão de viver.
Ironia. Acredita que o nosso amigo jesuíta tenha tomado este medicamento?
Mar. Acredito. Compreendo-o bem, pois o cansaço nunca é bom passageiro. A raiva existente na consciência da fadiga é compatível à mais infeliz das circunstâncias.
Ironia. Perfeito. A verdade, porém, na sua nudez terrível, purga de outra forma a sua fala. A purificação da alma, das manchas pintadas pelos pincéis da traição, é feita na adição de emplastos do tipo: ver as coisas como são.
Mar. Mas de que é feito este emplasto?
Ironia. Bem, os ingredientes são: uma porção de real em estado puro, colhido no pé; insistências pretéritas, e gotas de futuro gelado.
Mar. E cura?
Ironia. Não sei. Contudo, após o emplasto, a pele d'alma fica da cor dos fantasmas.

Prelúdio das Entranhas

Mesmo a alma mais propícia ao mundo se vê na ocorrência de reconsiderar. O espírito lúcido, envolto num denso nevoeiro de dúvida, ansiedade e paixão — assim como Vieira —, vive o pesadelo desperto. Pergunta-se: o que faço nessa queda? Nela, todo pensamento busca esteio de fé futura. E mesmo assim, a incerteza e a deslocada ambição não param de remexer o solo das experiências.

Nesta ocasião, os olhos absorvem, ao máximo, a idéia de colheita — a faina constante dos doutrinadores. Na intensidade da tarefa, o mundo real converte-se num mundo a ser plantado; isto porque a demasia do real aguça as raízes, aprofundando a realidade nas entranhas da crença.

Quanto mais inventiva a rotina no plantio, mais o cultivo prolifera na mudança. A vida, agora em sua totalidade, move-se através de suas categorias: esquecer e lembrar. Entre a lembrança, constante, e o esquecimento, única variável, Vieira preconiza o processo de assimilação das novas experiências — reduzindo-as a um instrumento agrícola de sua alma, cuja forma é: se Cristo foi perseguido, por que não eu?!

Se isto o faz sentir-se distinto, a grandiosa natureza do Amazonas figura a repetição ao qual todo olhar está submetido na colheita. Repete-se na diferença, querendo ver mais do que vê, toda a realidade da expectativa, invertendo a atividade imaginativa de forma a receber uma visão que não é a dele — a escolha de Deus. Sabe, agora, que ninguém preocupado com a originalidade será, de fato, os olhos de sua fé.

Mar. A cidade de São Luís é embocada, cujas ruas se dão às matas. Ao desembarcar, a mancha da umidade se lança ao rosto. É neste ambiente, onde o homem sente a falta de guelras, que Vieira reconhece a alegria de entrar no céu estando na terra — se há sentido na comparação.

Luto. Isto porque cantam ao seu espírito as vozes dos irmãos da companhia e dos índios das missões; angelicalmente; atmosfera de verde esperança.

Ironia. Pode-se dizer, marcando o mínimo de respeito às suas informações: já há auditório.

Luto. Considero muito este instante biográfico do nosso jesuíta.

Mar. Releve. O conflito na alma de Vieira começa a ter a dimensão dos meus oceanos; ora se acalma, ora se precipita em turbilhão.

Luto. Reconhece de imediato o antagonismo entre os colonos e os jesuítas, quanto à liberdade ou cativeiro dos índios.

Mar. Basta pequeno atrito; fogo!

Luto. Se de alma cordata vem, basta a publicação da ordem régia — das liberdades dos índios — e recebe os ventos tempestuosos provenientes da raiva turba. Mesmo sendo decisão real, os colonos querem a expulsão dos jesuítas, imediatamente.

Ironia. Colocá-los em dois botes e pedir ao Atlântico: leve-os!

Luto. Quando em Lisboa se prepara a missão, Vieira aprova no Conselho Ultramarino seu escrito sobre os danos causados pelo cativeiro indígena.

Ironia. De fato, isto de pouco adianta. Em terras onde alguns cativeiros são lícitos, toda liberdade indígena é apólice em banco tupinambá.

Mar. Com certeza, o procurador da Câmara de São Luís, Jorge Sampaio, um dos maiores negociadores da captura de índios naquelas bandas, já está a bradar ira de colono.

Luto. Nunca mais deixa de ter ódio vasto aos interesses jesuíticos.

Ironia. Só a verdade nua redime o vigor das mentiras nas posturas coloniais.

Luto. Concordo, prontamente.

Ironia. Os índios moradores nas aldeias, titulados livres, são muito mais cativos do que os que moram nas casas particulares dos portugueses. Acredite quem quiser. O título de livre nestas terras, no corpo de índio, é morte no eito.
Mar. De fato os portugueses ocupam os "índios libertos" no mais cruel trabalho: a plantação de fumo. Morrem de puro sentimento; grandes desserviços a Deus e reclames dos parentes.
Luto. Contra este estado de coisas, Vieira sobe ao púlpito. Expõe a proposta dos jesuítas ao sabor das circunstâncias — dia 2 de março de 1653.
Ironia. Engraçado, a força da fama apaga as pegadas da ira.
Luto. A concorrência é enorme.
Ironia. Colonos do Maranhão, que inferno!
Mar. Os castigos já se circunscrevem: quem trouxe a praga dos holandeses? Quem trouxe a praga das bexigas? Quem trouxe a esterilidade de suas mulheres? O cativeiro! O cativeiro! O cativeiro!
Ironia. Eis a trindade do Maranhão: escravidão, dissimulação e roubo.
Luto. Ah! Fazendas do Maranhão, se os seus mantos e suas capas fossem torcidas e retorcidas haveriam de ejacular sangues.
Mar. Contudo, Vieira quer acalmar e dar bons ânimos aos senhores daquelas terras.
Ironia. Ora, o que se ouve é a razão de calça curta andando nos mangues da culpa.
Luto. Não concordo. A proposta de Vieira no púlpito é bastante razoável.
Ironia. Quando nada se tem, pouco é riqueza incomensurável.
Mar. Vejamos: todos os índios do Maranhão ou são os que servem como escravos, ou os que moram nas aldeias de el-rei como livres, ou os que vivem no sertão em sua natural e ainda maior liberdade.
Ironia. Meu caro senhor, por favor. Onde a liberdade tem medida, mede-se a escravidão em régua de interesses. Se servirem nas casas particulares, serão libertos — ficando naquelas se

quiserem; e se não quiserem, vão morar nas aldeias de el-rei, servindo aos colonos segundo suas obrigações. Se nas entradas se encontrarem cativos de corda, prontos a serem comidos, as penas de seus inimigos são comutadas em cativeiro, a serviço dos portugueses. Se nas entradas, sem violência, se encontrarem escravos sendo vendidos por seus inimigos, ou tomados pelos portugueses em justa guerra, há de ser legitimado o cativeiro pelos juízes; o governador, o ouvidor-geral, o vigário e os prelados das quatro religiões — carmelitas, franciscanos, mercenários e Companhia de Jesus. Logo, todos qualificados como verdadeiros cativos são repartidos pelos moradores destas terras. Para os índios tomados em guerra, que não seja justa, novos aldeamentos são providenciados ou alocados nos já existentes. Todos devem servir da seguinte forma: seis meses de trabalhos para os moradores, alternadamente de dois em dois meses, ficando os outros seis para as suas roças e famílias. Que sorte, não é! Todos os índios servem aos portugueses.

Mar. Mesmo com o seu comentário, grande é o sucesso de Vieira.

Luto. Evidentemente, Vieira sacrifica os índios já cativos em favor do mar de almas daqueles rios.

Ironia. Oh forças de Deus! Oh portentosa providência do Altíssimo! O futuro da liberdade é Maranhão.

Luto. Deixe de lamúrias — minha cara senhora —, estamos aqui a fazer história, e não a elaborar juízos de valor.

Ironia. Deus tenha piedade de nós. Caso aqui não haja nenhum juízo de valor, o pecado é brinquedo dos santos.

Luto. Quanto escárnio.

Ironia. Escárnio! A mofa é acreditar: a indiferença é o ar do meu rigor científico.

Mar. Por favor, permitam-me retomar o nosso rumo.

Luto. Embora o dizer da Ironia mereça uma resposta vigorosa, continue.

Mar. Nas pazes provisórias, acontecidas após a pregação, os jesuítas criam um hospital e não tardam a disciplinar as almas dos índios cativos.

Luto. O padre Antônio Vieira não perde tempo, promove belas procissões aos olhos esfomeados dos colonos.

Ironia. Ali vai uma.
Mar. Largue de brincadeira. Saem em procissão da igreja dos jesuítas. Levam adiante um grande pendão branco, tendo a imagem de Santo Padre Inácio — carregado por índio das aldeias da companhia. Cantam a tristeza prazerosa da crença. Vão dando voltas nas ruas principais da "cidade". A cada casa pedem aos portugueses os seus índios. Exorta-os a participar de tão importante manifestação. Depois de algumas horas, na matriz estão. A procissão aguarda na entrada — os índios na frente e as índias atrás. Entram. Elas de um lado e eles do outro. Prega-se a doutrina. Depois, inicia-se a declaração dos mistérios da fé.
Ironia. Esquece de dizer: quem responde melhor é premiado. Jesuítas, jesuítas...
Mar. Belo contraste é ver Vieira. Anda vestido de pano grosseiro da terra, mais pardo do que preto. Come farinha de pau. Dorme pouco. Trabalha sem descanso. Chora pecados. Lê o livro da madre Tereza D'Ávila e outros semelhantes. Nada lembra o cortesão.
Luto. No fundo deseja ver Deus.
Ironia. Maior gosto pode não ter; porém, maior felicidade talvez não.
Luto. Você é imperdoável.
Ironia. Creiam-me, Vieira tem medo de encontrar Deus.
Luto. Como pode levantar tão falso testemunho!
Ironia. Testemunho é o que não vejo, porque o que vejo já está no cadafalso.
Mar. Enfim! A mística levanta as velas da sua alma.
Ironia. Misticismo e bandos de mosquitos são as sensações pousadas na pele de Vieira. Há florestas suficientes; a mística se espreita nas árvores, banha-se nos rios e se esfrega nos corpos indígenas.
Luto. Ah! Se ele pudesse desfazer o passado. Tornar atrás o tempo. Alcançar o impossível.
Mar. Salvação, amigo, salvação, o resto é loucura. A floresta é o seu teatro agora. Lisboa, ainda, ilumina esta parte escuríssima das aventuras dos outrora portugueses.
Ironia. Um novo mar se abre; sem marinheiros, mas jesuítas — não é?

Mar. Nessa parte escuríssima da Colônia, onde só a luz de Lisboa pode sobreviver, Vieira apronta a primeira missão aos sertões das águas.
Luto. Quer ir às bandas do rio Itapicaru. Porém, a partida tarda; Vieira reclama.
Mar. Reclama por saber: o Maranhão e o Grão-Pará são a rochela de Portugal, uma conquista a conquistar.
Ironia. Terra onde o rei é nomeado; obedecido nem tanto.
Mar. Nada acontece. A missão malogra. Faltam índios.
Ironia. Estão todos trabalhando nas terras do governador.
Luto. No dia 5 de outubro, no Pará está.
Mar. Belém é cidade diminuta. Nas paredes das choupanas bastante tradição de sangue e mortes.
Luto. Impedido de ir ao rio Itapicaru, Vieira troca o desejo pela missão no rio Tocantins.
Mar. A proposta é do capitão-mor Inácio do Rego.
Ironia. Aceita; nem faltam canoas e nem índios, não é?
Luto. Índios encomendados, partida imediata.
Mar. Bastam algumas milhas de viagem, contudo, e Vieira vê: violência, violência até a banalidade.
Ironia. Há na crueldade do olhar observador, o gozo da denúncia.
Luto. A senhora anda no exagero.
Ironia. Não é menos, nem mais.
Mar. Acalmem-se. No dia de Santa Luzia saem os jesuítas.
Ironia. Santa das vistas.
Mar. Posso continuar?
Ironia. Não é sem tempo.
Mar. Tomam o caminho entre as ilhas na foz do Amazonas, chegam na aldeia de Mortigura ao sol posto. No dia seguinte, 14 de dezembro, começam a navegar na imensidão doce; a noite os derrota. No outro, navegam o Tocantins até Camutá, onde se iniciam as águas turbulentas. Param a calafetar as canoas.
Luto. Ora, tudo a precisar se encontra naquele flúmen.
Ironia. Levando em consideração as canoas, tudo pode ser armado sem um prego sequer. Nestas terras do Brasil ata-se, mas não se prega. Devo admitir, acabo de criar uma máxima cultural brasileira: tudo se ata e nada se prega. Gostaram?

Luto. Nem o mínimo.
Ironia. Puro despeito de quem só navega mórbido.
Mar. Parem!
Luto. Então continue, preciso expirar a raiva.
Ironia. Quer o meu lenço?
Mar. Ah!
Ironia. Desculpe-me, é força do hábito.
Mar. Eis o antigo homem da corte nas águas do Tocantins.
Ironia. Tudo são águas e árvores altas em braços intrincados — cenário gótico em fraco barroco extremado, salpicado de mosquitos (risos).
Mar. Meu Deus, a perdoe. Na manhã da véspera de Natal, começam a subir a primeira corredeira. Tentam e voltam. Tentam subir novamente. Grande vigor e excessivo trabalho dos índios, uma a uma, as canoas se vão a subir. Gastam todo o dia a transpor a escada molhada.
Ironia. Chegam todos em ar pardo na aldeia de Camutá.
Luto. Na aldeia, Vieira assiste à vida em festa. Os pequenos índios no rio. Águas acima, risos abaixo. Corpos ao sol. Nos corpos, a aurora. A cada nascer do dia, o nosso jesuíta contempla o povo das manhãs. Chega um, grandes lágrimas; parte outro, risos de saudação. Tudo é invertido; a morte adora as redes — orgulha-se nos que ficam.
Ironia. Devo renunciar às minhas unhas e tocá-lo suavemente. São povos das manhãs, não tenho dúvidas. São orvalhos; evaporam...
Mar. Demoram alguns dias; regressam à sede da capitania.
Luto. De Belém ao Maranhão. No dia 22 de março de 1654, no domingo das verdades, prega Vieira em São Luís.
Ironia. Prega: a verdade é que no Maranhão não há verdades.
Mar. Se o império da mentira tem corte, se diz: Maranhão. Não acham?
Ironia. Puro fato e herança francesa. A primeira letra do nome declina o verbo.

Mar. Vieira defende na sua oratória a idéia: os índios devem ficar sob a tutela dos jesuítas.
Luto. Está disposto: ir a Lisboa e fazer os requerimentos necessários.
Mar. No preparo da partida, o conflito deflagra.
Luto. O procurador da Câmara, Jorge Sampaio, brada a ira colonial; eco de todos.
Mar. Mesmo neste terror orquestrado, sobe Vieira ao púlpito no dia 13 de junho — dia de Santo Antônio.
Ironia. Grande sermão aos peixes. No Maranhão há alguns tipos de peixes: o peixe roncador, o voador e o polvo — que não é peixe. O primeiro, tão comum aos trópicos, é insignificante no tamanho mas muito barulhento. O terceiro é o hipócrita comum, assemelha-se ao monge, cujas cores não são galas e sim malícias. O terceiro é o mais ambicioso e petulante; tem a moradia no mar e quer também o ar, não é?
Mar. Acrescento: a natureza lhe deu a água, e ele quis o ar, sobra então, para ele, a certeza de que já suas asas estão queimadas.
Luto. Após brilhante fala, Vieira vai a Lisboa. Sai de mansinho, nos fins do ano de 1654.
Mar. Dou-lhe tormenta. Perto dos Açores, viro o navio. Virado, permanece durante 15 minutos. Aderna um pouco mais, e, em seguida, retoma o prumo. Admite, novamente, todos dentro de si. Deixo acontecer por intervenção divina.
Luto. Faz bem, pois Vieira se mete dentro do senhor na busca de salvação daqueles pobres tesouros, os índios do Maranhão, onde cada um vale mais do que infinitos mundos.
Ironia. Tão sentimental!
Luto. Deixe-me em paz.
Mar. Contudo, apronto mais. Por longo dia e noite, os mantenho na esperança de um navio visto ao horizonte. Transcorrem as horas, e na seguinte após a última, a embarcação, em vento cordato e ondas leves, aproxima-se.
Luto. Já sabemos. É um corsário holandês. Toma a bordo os náufragos e a carga valiosa de açúcar.

Ironia. Gosto deste tipo de maldade. Dentro do barco os religiosos a orar, a cantar ladainhas; e os músicos hereges a comer, a beber, a zombar das cerimônias da fé.

Mar. Deixe de escárnio.

Ironia. Não posso passar calada nesta história. Vejam bem: os passarinhos a cantar e os padres a orar.

Mar. No fim, o corsário os desembarca na ilha Graciosa.

Luto. É Vieira que, tendo os recursos da missão, providencia vestimentas, alimentos e meios de transporte a Lisboa.

Mar. Não tarda; no dia 24 de outubro, continua a viagem.

Luto. Em Lisboa sabe da doença de d. João IV. Precipita-se ao encontro da rainha. Pronuncia no ambiente, em voz profética perante a corte: sua majestade não pode morrer, porque há muito a realizar na terra; se morrer, há de ressuscitar.

Ironia. Seu retorno a Lisboa grande espanto causa; como se fosse um fantasma a discriminar nos vivos as suas dívidas de Deus e nos mortos as suas pagas ao tempo.

Mar. Pode até querer; contudo, o ambiente encontrado tem outra atmosfera. Seu *Papel forte* mera lembrança; os holandeses vencidos; o sebastianismo acanhado e os dominicanos assanhados.

Ironia. Partículas de ódio ao vento; inimigos às pencas.

Mar. Adorador das disputas, em fevereiro de 1655, Vieira prega o sermão da sexagésima — aos olhos da corte.

Luto. Muitos estudiosos querem ver nesse sermão o método português de pregar.

Mar. Até pode ser; porém, no fundo me parece o método português da mais aguda denúncia sobre a inércia de Portugal, sobre desleixo metropolitano, sobre o abandono da inteligência aos códigos que traem o saber proveniente das grandes façanhas náuticas dos outrora portugueses e, por fim, sobre o equívoco no trato da missão jesuítica.

Ironia. Mãe pátria felizmente fecunda nos partos, geradora de tão eminentes estaturas; se for dragão peçonhento, tem raiva para não os ver grandes. Os morde, os rói, os abocanha, e não descansa até os engolir e devorar a todos. Se há um método de pregar exposto no sermão da sexagésima, é a tarefa que só nos livros lidos há: de quem é esta casa, portugueses?

Mar. Sinto o mesmo e declino: entre os semeadores do Evangelho há uns a sair a semear, há outros semeando sem sair. Nisto se encontra toda a poética das distinções entre aqueles que nas asas do desejo vão por Cristo, a ponto de duvidar algumas vezes da correção de Seus arranjos históricos, e aqueles que, por não ir, se vão às asas de formigas, a procurar novo abrigo debaixo de alguma coisa, sem mais duvidar a não ser dos outros.

Ironia. Ir e não voltar, contra os que ficam e não deixam que ninguém vá de fato. Dominicanos, dominicanos, estão nas cortinas como ratos.

Mar. Isto é claro: uns têm mais paços, outros mais passos. Não há desgraça maior do que daqueles que com os passos sofrem; padecem mais que Cristo naquela seara da mentira colonial.

Ironia. Se a vida é apologia da doutrina; se as palavras são refutadas nas obras; se uma coisa é o semeador, a outra o que se semeia; como se há de fazer fruto?

Luto. No Maranhão há missionários afogados na boca do Amazonas; há missionários comidos na ilha de Aruans, há missionários mirrados na jornada do Tocantins, de fome, de sede e de doenças.

Ironia. Os jesuítas no Maranhão pregam com a voz e com exemplo; porque fazem o que dizem. Se despertarem, acordam os outros. Não abrem a boca sem bater as asas, acompanhando a voz com as ações.

Mar. Mesmo sendo verídico, a corte ouve o conveniente. Preferem a mentira das façanhas recitadas pelos iguais. A verdade nos olhos alheios é desconfiança na certa.

Ironia. Vieira vem e volta feito um raio — maior temor não há. Assombra, magnificamente, os inertes. Quem busca o desengano tarde, não se desengana.

Mar. Enquanto dura o clarão, não descansa. A crítica à maneira de pregar dos dominicanos provoca reações. Não há, em Lisboa, um púlpito dominicano calado.

Ironia. Santas iras!

Mar. A cada sermão dominicano, a audiência é enorme. Enquanto ouvem os de São Domingos, esperam a réplica de Vieira.

Luto. Esta tarda. Quando subir ao púlpito na terceira dominga da quaresma, ameniza perante a corte. Sua raiva deve ter sentido o hálito do perigo.

Mar. Não creio. Vieira volta o seu ataque para a corte — na quinta dominga da quaresma. Porque é nela onde as coisas se resolvem.

Ironia. Se os cavalos da gente maior comem à custa do lavrador, e os freios que mastigam, as ferraduras que pisam, e as rodas e o coche que arrastam são dos pobres oficiais, que andam arrastados sem poder cobrar um real; como se há de ver fé na sua cavalaria? Se o que vestem os lacaios e os pajens, e os socorros do outro exército masculino e feminino dependem das mesadas do mercador que os assiste, e no princípio do ano lhes paga com esperanças e no fim com desesperações no risco de quebrar; como se há de ver a fé na sua família? Se as galas, as jóias, e as baixelas, ou no reino ou fora dele, foram adquiridas com tanta injustiça e crueldade, que o ouro e a prata derretidos, e as sedas se espremem vertendo sangue; como se há de ver a fé nessa falsa riqueza? Se as suas paredes estão vestidas de preciosas tapeçarias, e os miseráveis a quem despe para as vestir estão nus e morrendo de frio; como se há de ver a fé nem pintada nas suas paredes? Se a primavera está rindo nos jardins e nas quintas, e as fontes estão nos olhos tristes das viúvas e dos órfãos, a quem nem por obrigação nem por esmolas satisfaz ou agradece o que seus pais os servem; como se há de ver a fé nessas flores e alamedas? Se as pedras da mesma casa em que vivem, desde o telhado até os alicerces, estão chovendo o suor dos jornaleiros que não fazem férias, e se querem ir buscar vida a outra parte os prende e os obriga por força; como se há de ver fé na sua casa?

Mar. Fico emocionado. A senhora se retira de si e se expõe, humildemente, no drama.

Ironia. Não sou maior, e nunca quis ser maior, do que a tragédia dos homens. Se me aproveito de suas mazelas, é de forma a gerar a desconfiança necessária; imposta no seguinte dilema: é a linguagem humana capaz de dar conta do próprio homem. Faço isto, porque verdadeiramente quero amá-los; embora não possa.

Mar. Vejo honestidade em seus olhos. Mas observe o quanto de sua presença se encontra no sermão do Bom Ladrão, pregado na Sexta-feira Santa.
Ironia. Estando lá, posso decliná-lo.
Mar. Dou-lhes a honra.
Luto. Espero me deliciar.
Ironia. Não só do cabo da Boa Esperança para lá, mas também das partes de aquém, se usa igualmente a mesma conjugação do verbo furtar. Furtam pelo modo infinitivo, porque não tem fim o furtar com o fim do governo; sempre lá deixam raízes, em que vão continuando os furtos. Furtam juntamente por todos os tempos. Do pretérito desenterram crimes de que vendem os perdões e dívidas esquecidas de que se pagam inteiramente; do futuro empenham as rendas e antecipam os contratos, com que tudo, o caído e o não caído, lhe vem cair à mão. Finalmente, nos mesmos tempos não lhes escapam os imperfeitos, perfeitos, mais-que-perfeitos, e quaisquer outros, porque furtam, furtavam, furtaram, furtariam, e hão de furtar mais se mais haja. Em suma, toda esta rapinante conjugação vem a ser: a furtar, para furtar. E quando eles têm conjugado assim toda voz ativa, e as miseráveis províncias suportadas toda a passiva, eles como se tivessem feito grandes serviços tornam carregados de despojos e ricos, e as províncias roubadas e consumidas.
Luto. Quer dizer: os príncipes são companheiros dos ladrões?
Mar. São companheiros dos ladrões, porque os dissimulam. São companheiros dos ladrões, porque talvez os defendam.
Ironia. É. São seus companheiros, porque os acompanham e hão de acompanhar ao inferno!
Luto. Meu Deus! Os homens não aprendem nada; nem estimam as suas almas perante o demônio?
Mar. No que é dito por Vieira, o impressionante é: suas palavras tentam abarcar a sensação de influência que todo acontecimento desprende.
Ironia. As evidências são múltiplas; Vieira evita a passividade da ação dos sentidos auditivos em favor da ebulição promovida nos olhos. Na verdade, suas palavras são a expressão da mais-valia extraída das vistas — a dor.

Mar. Concordo. As suas palavras provenientes do olhar, porém, ao atravessarem as minhas águas, desejando dispor as coisas, se esvaem na mesma ordem que ele mesmo quer impor. Isto porque os olhos são laços de ambigüidade.

Ironia. Está perfeito. Mas, de fato, é porque Portugal como Portugal não é nenhum Portugal; apenas o fenômeno maior do desejo de Vieira. Forma-se urgente no mundo e permanece na crença.

Mar. Há alguma tolice na sua fala; mas há nas sandices algo tão real que nenhum espelho o reflete.

Ironia. Creio nisto.

Mar. Embora atacado e atacando por todos os lados, Vieira adquire propriedade sobre as necessidades missionárias. O rei d. João IV designa o governador do Maranhão, André Vidal de Negreiros — aplausos de nosso amigo. E ao mesmo tempo, a Junta das Missões é criada, repercutindo os interesses dos jesuítas sobre o governo dos índios — exposto no *Parecer sobre a conversão e governo dos índios e gentios*, escrito por ele.

Luto. Agora pode sair de Lisboa — 16 de abril de 1655.

Mar. Vai triste, pois não foge uma só vez quem foge do coração.

Ironia. Vai ciente de que até nos desertos há razão de Estado.

Mar. Vai; porém, quase não vai. O rei pretende que fique. Entre uma discussão e outra, na defesa ardorosa da partida, vence. Vencedor, indo, indo, indo.

***

Retira-se o Mar. Vai buscar algo refrescante. Resmunga o Luto, esperando da Ironia atenção.

Luto. Ai de mim! Percebo ser a ação do silêncio o meu testamento. A Ironia e o Mar falam fácil. Acreditam nas toadas das palavras, exercem um sobre o outro o magnetismo da autoconfiança. E eu?

Ironia. Por que o senhor não se presta a dirigir-me as suas palavras balbuciadas?

Luto. Desculpe-me, tenho assistido tal situação.

Ironia. Amenize os seus exageros. O mar é um encanto. Porém, basta um sopro, ele crispa. Basta um sei lá, e ele se acalma. Promete momento seguro e, logo, sem mais nem porquê, toma a voz de tenor. Se me sinto atraída, é em função de ver o meu espaço espalhado naquela grande superfície. Gosto de tocar todas as partes da terra, cessando qualquer continuidade no diálogo. Contudo, é no senhor que vejo marcado o melhor da minha vida.

Luto. Como?

Ironia. Digo: a sua percepção sombreada da possibilidade da última mudança, a morte, me mostra o valor do juízo derradeiro. Nunca é demais aprender que o senhor, assim como eu, derrota a potencialidade existente na ação. Somos introspectivos por natureza e, quando perdemos a medida, somos capazes de solapar o corpo de um discurso e secar a mente de suas motivações.

Luto. Fala muito bem de mim. Mas não se explica a contento.

Ironia. Sou — assim posso dizer — o melhor equivalente técnico à doutrina do pecado original. Por castigo divino existo em cada discurso humano e nem sei se Deus, por mim, não tem uma boa dose de carinho. E sei ser o senhor a transgressão da vida na esteira da morte. Na verdade somos a expressão corriqueira do erotismo em coito adiado. Portanto, imprimimos às coisas uma boa dose de sublimidade imaginária.

Luto. Sou tanto assim?

Ironia. Basta ver Vieira lidando contigo, sublimando o sorriso da morte através de minha altivez. Somos gêmeos criados em ambientes e por pais diferentes; mas, não negamos o parentesco.

Prelúdio da Antevoz

Ler é o único botão da vestimenta profética. Confessar os sentidos de um escrito, olhando a vida, é fazer menção à esperança: ver o fruto verde da profecia. A profecia é feita da mesma matéria estruturante dos sonhos na consciência e doa significância futura aos códigos autorais postos a ler. E se os prenúncios seguem a boca do intérprete, a adivinhação dos sentidos verazes se faz de senso fatal sobre a determinação e o livre-arbítrio da leitura — em livro, realidade ou quimera.

Há algo desesperado, em tudo, que se espreita nesta poética da leitura. Algo, conforme se apreenda a infância do futuro — na medida da realização do desejo parricida do presente e conforme a métrica da conquista serena da culpabilidade pretérita. Logo, o verdadeiro intérprete é aquele alérgico ao presente, pois a sua delicada saúde prenuncia um texto desconhecido, incognoscível momentaneamente, cuja sensibilidade é refém da insistência pretérita.

Antônio Vieira observa a cena primordial, o paraíso das almas. A região amazônica impõe a inevitável influência. A cada esforço missionário criam-se momentos de suspensão do tempo, diante daquilo não conquistado. Nesse alcance, Vieira se apropria da rotina em interpretar a fala indígena — numa pronúncia muitas vezes incompreensível; na vastidão dos inextrincáveis caminhos — enquanto drama próprio ao ato de sonhar, predizer, ler e professar um mistério.

Sabe, agora, que interpretar um texto, fala ou sonho é perscrutar o elaborado independente de quem preconiza compreender. Mas, sabe também que, sem a alergia do verdadeiro intérprete, o panteão dos olhos e da escuta não doa às palavras eleitas o encontro com a sua antevoz, a Profecia.

Luto. Nos 30 dias de travessia, Vieira conjectura as semelhanças possíveis entre o céu e a terra. Nas ondas de nosso amigo, a ancestralidade bíblica o assalta.
Mar. Não é por menos. A minha vastidão acrescenta ao pretérito percorrido uma nova dobra de futuro; onda vai, onda vem. Paira triunfante a influência das estrelas.
Luto. Vieira imagina-se uma delas.
Ironia. É. Desta vez, os meus amigos estão, saborosamente, românticos.
Luto. Talvez. O importante é: Vieira chega na ilha do Maranhão cinco dias após André Vidal. Encontra muitas tropas de resgate a capturar índios.
Ironia. A anarquia chinfrim dos colonos é a coroa do tempo, não é?
Mar. Evidentemente. Mas o tempo lhe é suficiente; junto ao novo governador, suspende as expedições.
Luto. O descontentamento se generaliza; nem mesmo as outras ordens religiosas querem obedecer.
Mar. Contra as resoluções reais — no dia do Corpo de Deus — a turba deseja dar trono à desobediência.
Luto. A resposta é imediata. André Vidal de Negreiros prende o capitão-mor do Pará e o capitão da fortaleza de Gurupá; manda-os ao reino.
Mar. Mesmo assim, na região de Gurupá, os soldados e os moradores se rebelam, expulsando dali os missionários jesuítas.
Ironia. A intervenção não demora. O degredo é prêmio.
Luto. Postas as coisas nos seus devidos lugares, assume o nosso jesuíta a direção das aldeias.
Mar. O querer missionário lhe embaça as vistas. Caminhar naquelas infinitas águas, entre folhas e galhos, a buscar almas, pondo-as sob a proteção de Cristo.
Ironia. Ora, a proteção de Cristo naquelas terras permanece cristal barato.
Luto. Sua improcedência irrita-me. Entretanto, há alguma razão.
Mar. Nada desvia os objetivos de Vieira; já pensa em mandar uma missão a Ibiapaba — Ceará —, de forma a tratar

com os índios de Pernambuco, ali refugiados por afeição aos holandeses.
Ironia. Afeição aos holandeses; bem, devo confessar, é de se esperar. Poucos são os testemunhos capazes de dar trato à covardia portuguesa. A maldade é tanta que a escrita seca e se envergonha.
Mar. Sempre me impressionam as ações dos jesuítas em relação aos índios. Consideram os brasis gente animalesca; como podem pôr em risco as próprias vidas em defesa deles?
Ironia. Nada há demais. A *humanitas* renascentista preconiza o valor do outro mesmo quando os alcances são impróprios. Mede-se qualquer alma nos centímetros da vontade de se ver qualificados os superiores em relação aos inferiores.
Mar. Tenha dito, corroboro a sua explicação. Quando Vieira, em companhia de governador, está no Pará, encontra quase 2 mil processos sobre os cativeiros ilícitos de índios. Chamados a depor, os índios contrariam o esperado. Dizem: "fomos resgatados pelos portugueses das mãos dos nossos inimigos, estando nós prontos a ser comida".
Luto. Mandando averiguar, se conhece a verdadeira situação: ameaças, ameaças e ameaças.
Mar. Ameaçam os índios de morte, caso não digam o esperado.
Luto. O preocupante é que, na averiguação dos processos, não há caso onde os religiosos, de outras ordens, votem a favor dos índios.
Mar. Só Vieira diz sim às liberdades.
Ironia. Os rumores já são resistências elétricas.
Mar. É. As reclamações dos colonos me atravessam.
Luto. E as cartas de Vieira ao rei rogam: "não ouça os protestos dos colonos".
Ironia. Bendito jesuíta — só a sua teimosia clama no deserto das águas, mesmo tendo o oceano por diferença e a incerteza na espreita.
Mar. Assim é; entretanto, os acontecimentos não o impedem de promover a extensão das missões jesuítas neste mundo ébrio. Vão-se os jesuítas: no Tocantins, no Amazonas, no Tapajós, na ilha de Marajó.

Luto. Nômades de Cristo vão. Horas ao sol, ouvindo rumores de línguas sem padrão.

Mar. A qualquer momento avista-se um relâmpago. Rema-se, rema-se. Entardece. Nas noites, sons rasgados através de silêncios anistiados.

Ironia. Os jesuítas vão, e Vieira no seu palácio da pobreza — o colégio da companhia — ainda não. Contempla dali o seu reino. Sonha o ar impregnado de destino e vozes ocas.

Mar. Nem tarda a ir; nem se demora no regresso.

Luto. Entre 1656 e 1661, muitas as idas e vindas.

Mar. Em cada boca da noite, Vieira reconhece: toda a teologia respira os arranjos deste novo céu e novas águas.

Ironia. Nossa! O que ele não alcança é: a luz nas trevas forma os dois andares do mundo. No andar de cima os bem-aventurados, no de baixo, os condenados. Nota Philo Hebreu, discretamente, que o dia descobre a terra, e encobre o céu; a noite descobre o céu, e encobre a terra. Esta é a melhor hora de eleger, quando a terra se fecha aos olhos e o céu se abre.

Mar. Embora não esperasse tanta poesia da senhora, posso admitir: para Vieira a luz dos jesuítas desliza nos rios.

Luto. Dilúvio de fé! — o esperado.

Ironia. Creio na falta de margem à história naquele mundo aquoso. Sem margem, apenas uma foz pode lhe aguardar, a Profecia. Advirto: o Tejo sustenta esta marca. Basta estar na sua foz e assistir o convite da terra: Mar, pise-me.

Mar. Estou lisonjeado e creio ser assim. O poeta Camões já o disse. Mas devo acrescentar: Vieira pensa as profecias a partir dos cálculos da promessa de Cristo na fundação do reino: *quero fundar em ti e no teu sangue um Império para mim.*

Ironia. Eis a imagem de prenha futura. Claro de uma mulher esposa de Jó; parindo de lado, no meio-dia, gravidez de vento.

Mar. Eta! Péssima imagem.

Ironia. Só o senhor a vê assim. A promessa de Cristo a Afonso Henriques, na fundação do reino, acentua-se numa proeminente barriga nos Descobrimentos. Produz dores de parto e, após a morte de d. Sebastião, não há ruptura da bolsa d'água.

Mar. Meu Deus, quantas impropriedades. Quero ver alguém entender!
Ironia. Ora, um entendimento não é alguma coisa posta ao varal, esperando raios da boa inteligência.
Mar. A cada nova explicação, mais confuso fico.
Ironia. Esquece. Vê se continua, pois já é evidente a Profecia de Daniel, o V Império, na vida de Vieira, não é?
Luto. Fico a imaginar Vieira, nos idos de 1659, quando faz entrada pelo rio Tapajós e pela ilha de Marajó, descobrindo os índios — antípodas de todos os passados; habitantes deste segundo hemisfério do tempo, o futuro (inferior e invisível) —, aceitando as lições do Velho Testamento como bússola.
Mar. Quando lá está, investido desde 1658 como visitador, outra profecia plaina sobre ele — a de Isaías.
Luto. No drama incomensurável das viagens, a idéia de antípodas promove o mundo ao seu derradeiro ato. Como não acreditar, se tudo o faz crer. Vê mais do que vê; enxerga, estando ali, mais possibilidades de descobrir o mistério da profecia?
Mar. Do mistério eu já digo. Para ele, todos erram ao interpretar a Profecia de Isaías. Isto porque nenhum intérprete tem notícias nem das terras e nem dos índios do Maranhão.
Ironia. Maravilhas! Logo, Vieira, o verdadeiro intérprete, só pode admitir: são eles, os jesuítas, os anjos da guarda da triste gente. Quando a fé, nos seus segredos, toma ares compreensíveis, não há de pôr no berço as dúvidas!
Mar. Perfeito. Entre a profecia de Daniel — o V Império — e a passagem escuríssima da profecia de Isaías, Vieira é apossado das fantasmagorias dos livros. As suas leituras assaltam as vivas experiências missionárias.
Ironia. Não é menos. Naquele labirinto intricado de rios, onde a saída se confunde com a entrada, não é possível cercar, nem achar, nem seguir, nem ainda ver o bastante. Apenas vê mais do que é visto.
Luto. Estou aqui a ouvir e desejo lembrar: d João IV morre em 6 de novembro de 1656 e, logo após, d. Teodósio. A morte do seu rei causa-lhe arrepios quiméricos.
Ironia. É do destino a trapaça. Indica ir por lá ou por cá; e escolhe trajeto evidente, a morte.

Mar. Mas Vieira não está desprotegido; o fôlego de outra profecia, as trovas de Bandarra, o acalenta e o faz demorar-se nas suas vontades.

Ironia. Bem, morrer sem fazer o devido; ressuscitado se está, e a morte encostada na vida fica.

Luto. A investidura do Encoberto, essa raiz realista da ilusão avara dos portugueses — seja ele d. João, seja d. Sebastião —, toma a conquista do realismo chão na crença de suspender as marcas do tempo.

Ironia. Numa contabilidade do fado, o previsto tem a força do destino — enquanto este sonha ser fortuna.

Mar. Nem tanto o céu, nem tanto a terra, somente monas — a gerar vidas. É no ambiente, de águas excessivas, que, em 1659, de Camutá, Vieira escreve ao bispo do Japão, seu amigo, a *Carta esperança de Portugal* (o mote do futuro processo inquisitorial contra ele). Por navegar nos rios ouvindo muitas línguas e a ver uma colheita impensável de almas, seu silogismo sobre o retorno de d. João IV é úmido e grávido — como se fosse uma jovem índia prenha de senões antípodas. Digo: Bandarra é verdadeiro profeta; Bandarra profetiza que d. João há de obrar muitas coisas não feitas; logo, só pode obrar se ressuscitado.

Ironia. Está vendo, acaba de aceitar a idéia de gravidez.

Mar. Admito: estou sendo envenenado.

Ironia. Melhor, ressuscitastes.

Luto. Viver ressuscitado — eis máxima da vida em Vieira.

Ironia. Nesta barquinha eu vou. Digo: o maior querer de Vieira, me parece, é a possibilidade religiosa de todos, um dia, viverem de profecias. Neste dia, Deus acorrenta o Diabo e guarda no bolso a morte.

Luto. É um querer bastante propício a quem deseja ver o mundo repleto de flores da fé.

Ironia. Tirando algo de seu excessivo lirismo, devo concordar. Mas crer num profeta português é tomar o demasiado em dose cavalar, não é?

Luto. Como não! Se há profetas para Darios, Alexandres, Baltazares, Nabucos e Faraós, por que não para os reis de Portugal, tão pios, tão católicos, tão servos de Deus?

Ironia. É, basta um Daniel cantando as felicidades ou um Jeremias chorando as desgraças. Se a fé portuguesa levanta templos de Deus nas quatro partes do mundo à custa do sangue luso, sujeitando tantos reis, bárbaros e idólatras, por que não um profeta português, não é?

Luto. Olha lá o abuso. Quero apenas advertir: o espírito da profecia vive na Igreja.

Mar. O único espírito da Igreja é a Profecia. Se Deus promete, há de cumprir. Quando Deus diz: chegou a hora, não há cabo bojador que diga não.

Ironia. Vamos lá. Bandarra é profeta, porque está iluminado na rigorosa vontade de Vieira; o seu dizer é verdadeiro por natureza da crença de nosso amigo; e tem espírito profético na razoável necessidade da fé, de Antônio, em postular interesses mundanos. E tenho dito!

Mar. Sem delongas, a aceitação das rimas proféticas de Bandarra é a ressonância das vontades de Vieira ecoando na ausência de montanhas e corredores.

Ironia. O senhor me usa, e eu replico: sem montanhas ou corredores, o eco provém da escuta no céu. No repique do firmamento, o que se escuta é o visto.

Mar. Não vou manter este jogo, apenas admito: tudo conspira em favor de as profecias vestirem as palavras do nosso jesuíta. Mesmo a jornada de ouro, um novo desengano sobre a existência do metal na região, manifesta-se ao seu sabor.

Luto. Deixe-me falar: no dia 16 de abril de 1656, Vieira prega na igreja matriz, no Pará, consolando o povo na perda dos sonhos.

Ironia. Muito bom isto acontecer. Imaginem se há descoberta de ouro. Quantos ministros, oficiais de justiça, de fazenda e de guerra vindo, vindo, vindo.

Mar. O importante é: o novo desengano aprofunda raízes na velha noção de que a miséria dos colonos se contorna com escravos.

Luto. Como não? Cada família é ali uma república isolada.

Mar. É. Os colonos querem escravos feitos em guerra; a balas e porrete. Aqueles dos resgates são caros. E os jesuítas quase sempre lhes dão a liberdade.

Ironia. Deixem disso, senhores. Há no mundo puros crimes, sem contextos que lhes dê fundamento.

Luto. Tá bom. A falácia do ouro condensa o ar repleto de partículas de ódio aos jesuítas.

Mar. Independente das ocorrências, no seu íntimo, Antônio Vieira não consegue se encontrar. Pensa na morte de d. João IV e dá de rosto na vida. Busca-o morto no coração e acha-o vivo nas idéias.

Luto. Junte-se a tudo isto a ordem recebida, em 1657, dos seus superiores: pôr a limpo as suas escritas e mandá-las a impressão. Dos recursos da imprensa, cria-se renda missionária.

Ironia. Não há maior comédia. Quando Vieira quer chorar ou rir, admirar-se ou dar graças a Deus, ou zombar do mundo, não tem mais que se olhar no espelho.

Mar. Sem dúvidas, estar na queda e, ao mesmo tempo, ser lançado no objetivo de erguer choupanas, deixando sem término o palácio da profecia, é demais irônico.

Ironia. Obrigado pela citação; porém, são da vida, estrangulada entre as razões e os sentimentos, os condimentos do meu melhor prato.

Mar. Ventos às velas. Em 1658 o novo governador toma posse, d. Pedro de Melo. Contam ter o governador grande confiança em Vieira, a ponto de lhe conceder papéis em branco; assinados.

Luto. Num deles, o nosso amigo prepara a prisão de Henrique Brabo de Morais — tenente do forte de Gurupá.

Ironia. Ele faz qualquer coisa na proteção dos seus índios. Mente ao varrer as cruéis verdades da colonização portuguesa.

Luto. As calúnias e os atos de Henrique de Morais irritam os jesuítas. Da sua prisão desejam fazer cenário exemplar. Querem a leitura do degredo em público, na matriz do Maranhão.

Mar. Vieira na sua magnanimidade o perdoa, estando em Camutá; os jesuítas não. Apenas aceitam o acusado sem mordaça.

Luto. Mais uma porção de inimizades à companhia. Só o nosso amigo está atento à sombra produzida pelo prestígio.
Mar. Mesmo no plantio do ódio, as missões devem continuar. Lá se vão os jesuítas, levando altar portátil, candeias, paramentos, imagens a cada recanto daqueles rios.
Ironia. Qualquer coisa brilhante ou solene é bem-vinda. Não há gentios no mundo menos repugnantes à doutrina da fé, e que mais facilmente a aceitem e a recebam, que os brasis, não é?
Mar. Vieira pensa assim. E, a cada missão, os seus soldados fazem descer nos rios milhares de índios às aldeias dos jesuítas.
Ironia. O medo indígena é vastidão. Os colonos lançam pânico nos espaços. Parecem respostas às picadas de mosquitos.
Luto. Deixe de sarcasmos inúteis.
Ironia. Inútil é acreditar que as coisas acontecem assim ou assado. Tudo acontece e nada transparece.
Luto. Finjo não ouvir. A responsabilidade jesuítica torna-se avassaladora. Muitos índios a dependerem de suas ações protetoras.
Mar. Nesse movimento de colheita de almas, o nosso jesuíta, quando nasce o dia 3 de março de 1660, ruma à serra de Ibiapaba — vai pagar promessa feita aos índios, anos antes. Vai acompanhado de dois irmãos e do índio d. Jorge da Silva e algumas dezenas na escolta. Grandes trabalhos tiveram naquele caminho. Atravessam 14 rios pela foz de cada um. A cada um deles, minha ira a receber a doce água.
Luto. E os padres a pé.
Ironia. Poucas são as árvores protetoras ao zelo escaldante do céu. Dormem em cima das areias e acordam debaixo delas. Lufadas. Tudo impossibilita o andar. Nadam ao vento. E a complicar a viagem, basta uma só gota d'água cair naquelas areias e, num instante, os mosquitos, mínimos, se metem nos olhos, nas bocas, nos ouvidos e nos narizes, desatinando os infelizes.
Luto. Urge rapidez. Gastam 21 dias os padres. Um golpe de luz.
Mar. A terra talhada, Ibiapaba, são muitas serras juntas no sertão das praias de Camuci. Surgem em ondas de pedras. De um lado escavadas, de outro cobertas de verdura. Altíssimas, em mundo de tão baixa estatura. Aos olhos, nuvens debaixo dos pés.

De manhã, névoas contínuas e espessas; no ocaso, expandidas às sombras. Nas noites, o frio arqueia os corpos.

Luto. Vieira no dia 29 de julho de 1660 se acha em São Luís, onde recebe a notícia: morre o seu amigo padre André Fernandes, no final do ano anterior. Este, no mês de abril daquele ano, é obrigado a entregar ao Santo Ofício a *Carta esperança de Portugal* enviada por Vieira.

Ironia. A arapuca está armada, durma o tempo o cabível de tempo.

Mar. Não é à-toa, o ano seguinte começa turbulento. No dia 15 de janeiro de 1661, a turba do Pará entrega ao nosso amigo uma representação da Câmara, pedindo resgates de índios — urgentemente. Alegam: miséria do povo e outras mazelas.

Ironia. Se o ontem é solução; no amanhã, há indigestão.

Luto. Vieira não desperdiça instante, rebate incondicionalmente. A câmara replica e, assim, vai.

Mar. Irredutível, Vieira assume os riscos. E neste momento comete grande erro.

Luto. Qual? Diga!

Mar. Calma, eu conto. Na aldeia jesuítica de Maracaná — povoação de Salinas — um chefe índio vive em concubinato. Sabedor de tal pecado, o nosso jesuíta o atrai à cidade de Belém através de doce carta. Chegando ao colégio, é posto em ferro. No calabouço do forte de Gurupá está.

Luto. Embora sem registro, posso admitir ser esta atitude de Vieira algo comum, segundo os preceitos morais da Companhia de Jesus. Os colonos, porém, se aproveitam do vacilo do jesuíta. Fazem disto escândalo. Forjam uma representação dos índios, tocando fogo no acontecimento.

Mar. Neste meio tempo ancoram navios vindos do reino. E neles, cópias das cartas privadas do nosso Vieira, remetidas ao falecido rei e ao bispo do Japão.

Ironia. O enxerto de colonos em árvore lisboeta dá fruto ácido.

Mar. Nas cartas estavam escritas as rígidas censuras aos colonos e às outras ordens. E, o que é de matar, a clara evidência do seu desejo de governar, soberanamente, os índios. Lidas as cartas, ou mesmo sem sê-las, as notícias correm.

Luto. Pobres jesuítas. E só havendo um, suficientemente figurado, acrescenta-se ao ódio existente a publicação, em Lisboa, da carta de Vieira ao rei. Relato privado da situação das missões. Em síntese, a crueldade dos colonos e suas mentiras.

Ironia. Não é bem assim; contudo, mais fermento, bolo grande e sem gosto.

Mar. Nestas ocasiões é comum o ar da covardia aristocrata baixar.

Luto. O medo do governador Pedro Melo de se pôr do lado dos jesuítas lhe faz ordenar o inquérito contra eles.

Mar. Nada mais impede a revolta dos colonos. No dia 17 de maio, a turba assalta o colégio da companhia. Prendem os jesuítas.

Ironia. Na honradez do nobre governador, surge a necessidade de avisar o nosso Vieira sobre o ocorrido no Maranhão. Só não diz: minha traição é emblema histórico.

Luto. As informações o pegam vindo a São Luís.

Mar. Sabedor dos acontecimentos, retorna.

Luto. Não demora; a revolta voa sobre o Pará. O povo assalta o colégio. Prendem os jesuítas, no dia 17 de julho. Vieira é posto só, na pequena igreja de São João Batista.

Ironia. Sua cabeça vai rolar.

Luto. Logo é mandado a São Luís, enquanto as representações dos colonos atravessam você.

Mar. Quando ancora, lhe impedem o desembarque. É posto em canoa e embarcado numa antiga caravela. Não permitem a Vieira falar pessoalmente na Câmara.

Luto. O embarcam num barco sardinheira, sozinho, na companhia de nove ciganos. Caravela que não custa a você desmanchar.

Mar. Gasto menos. Em risco de vida, o nosso jesuíta. Seus amigos o transferem a uma nau — junto aos irmãos da companhia.

Ironia. Na verdade, só após o pagamento de 320 mil réis ao dono da nau — o senhor d. Pedro de Melo, o governador. A amizade é um ambiente confortável; onde descansa a traição.

Luto. Expulsos todos os jesuítas do Maranhão.

***

Ao olhar para o lado, a Ironia encontra o Luto a dormir. Retira-se em seguida. Dirige-se à porta do farol, contempla o espaço indefinível das alturas. O Mar, a sós, entrega-se aos seus pensamentos.

Ironia. Vejo agora a minha inquietude: depender de alguém. Completar a minha manifestação é ter a vida no seu desvio íntimo.Quem estará disposto a se pôr em tal lugar?

Mar. Bem — admito: uma religião profética torna-se apocalíptica quando a profecia falta. Todo o professado falha de alguma forma. Vieira falha sempre.

Ironia. Contradições inconciliáveis, aqui está o erotismo pungente de minhas aparições. Sou sombra iluminada, vinda de cima. Ora, Vieira não diz nada sem pressupor uma localidade elevada. Se ele não tem consciência de minha freqüência, pior para ele.

Mar. Se tudo predito é falho, o apocalipse vive nos instantes. Vieira falta, motivo de qualquer homem; logo, parece um tanto curioso que casos reais de seus desejos sejam prenúncios.

Ironia. Aprendo: Vieira é a encarnação da minha incompletude. Aprendo: sou quem o olha, repousando acima do seu querer, se zangando ou amando os seus desejos.

Mar (*a olhar o retorno dos outros*). Vamos! Afinal, o homem que se vê despossuído de realidades concernentes aos seus interesses desaparece na luz de todo o dia. Quando renascer, saberá: a profecia é o meu sal a conservar as suas histórias.

Prelúdio do Véu

A pronúncia profética, na evidência de sua verdade íntima, cria no mundo a imediata identificação de um reino desconhecido da experiência. Aquele que fala, o intérprete da Profecia, doa luz ao futuro e recebe a armadura da sombra.

Por ter predito, uma escada se abre debaixo de seus pés. Degraus longos convidam o intérprete. Como crê na interpretação, desce intrépido. Desce e, a cada lance, está fadado a dizer o que sempre disse; porém, tudo será entendido de outra maneira. Desce ouvindo o lamento dos sofredores. Aceita, mais um pouco, o calvário da esperança.

Animado por tanta dor, sussurra os segredos ainda a interpretar. A cada quadro do futuro predito, a ênfase da atenção se põe na tragédia falante nos homens, na amizade e na fé. Certas lágrimas de autopiedade e ira acendem o coração e se acumulam nos olhos. Ao pensar nos dias do ontem, se sente um barco tocado pelo último raio, que no horizonte afunda.

Simulado na imaginação em desespero, admite para si a contemplação de algumas verdades. Isto o isenta de todos os males — enquanto durar a descida. Ao descer um pouco mais, passa a ouvir o barulho das águas em seus ouvidos. A cada som, reconhece outra morte. Mortes; a possibilidade do seu orgulho.

Pensa no naufrágio; destino de todo intérprete profético. E ao descer um pouco mais, percebe: a sua alma, cansada de escutar tantas mortes, quer se retirar. Para compensar o desejo manifesto, promove o senso de fatalismo ao primado de vida. E, assim, continua *a descer. Quando estiver sobre o solo final, suas palavras tomarão a forma de sombras. A cada nova pronúncia, a luz da história recebe o véu do termo.*

Vieira irá sentir a maldição da Profecia. Ao ser inquirido no Santo Ofício, não recua. Obediente aos preceitos cristãos, colocará suas sombras sobre a luz da verdade de seus opositores. Deixará a cada interrogatório, como rastros do crepúsculo, o véu absoluto da religião. Qual seja: todo cristão é só, e exemplo exclusivo do que é; pois a única coisa cristã é o modo cristão da existência — uma vida crucificada. Portanto, nada há a temer. E os juízes, sejam eles os inquisidores de outrora ou sejam os de hoje, estes sim devem temer, pois nunca desceram a escada do abandono imposto pela verdade da interpretação particular.

Mar. Lá se vai às minhas ondas mais uma vez; pisando-as. Sua ira arranja pouco esconderijo. Sente-se traído e preocupado. A cada intervalo, entre uma oração e outra, o horizonte estabelece nos seus olhos promessas de solução.

Ironia. Vencer: dizer jesuítico. O destino, contudo, sempre impõe a Vieira os seus defeitos.

Luto. Nos primeiros dias de novembro de 1661 os jesuítas ancoram em Lisboa. Não antes de sentirem o perigo. Em dias anteriores, bem próximo das terras portuguesas, avistam os jesuítas barco mouro — o pânico é geral! Vieira, rapidamente, expôs no convés as relíquias de São Bonifácio.

Ironia. Bastam as relíquias; os mouros mudam o rumo, não é?!

Mar. Sinto-me feliz na travessia; pois, em outubro, o nosso amigo prega um dos mais belos sermões compostos por sua mente e no meu espaço — aquele do Rosário.

Ironia. Ele tem de pregar. O mês é formidável a todos os mareantes por suas tempestades e memorável por seus naufrágios.

Luto. Em Lisboa, encontra Jorge Sampaio — aquele do Maranhão, portador dos interesses dos colonos contra os jesuítas.

Ironia. Quando o ódio envelhece em barril de sangue, o odor acalenta a fragrância imortal.

Mar. Pouco sabe, este senhor, sobre o valor de Vieira e dos jesuítas em Portugal — mesmo tendo tantos inimigos. Os interesses dos colonos não deslumbram a necessidade de d. Afonso VI: ter ao lado o homem experimentado na política e missionário.

Ironia. Melhor inexiste! Jamais o rei suspeitando da empreitada de sua mãe a favor do irmão, d. Pedro; claro, as impróprias condutas de d. Afonso contribuem. É nobre sem modos, sem inclinação política. Farrista. Contudo, o rei serve bem aos anseios do nosso Vieira, não é?

Mar. Estando triunfante na corte, o nosso amigo não esquece do prazo. Sobe ao púlpito na capela real, no dia de Reis de 1662 — sermão da Epifania. Agride o desleixo do reino e a crueldade dos colonos.

Ironia. Ora, teme e tem horror a língua a pronunciar o que vê os olhos. O caso é feio e, enquanto tal, público; nada permite o silêncio. Quem pode crer que, numa colônia portuguesa, os jesuítas são retirados dos seus claustros, levados presos em procissão, ameaçados por espadas nuas? E o povo grita: fora urubus! Urubus! Urubus?

Mar. Pode-se até dizer: os colonos são criminosos e malfeitores tirados do fundo das enxovias, levados àquelas terras; sendo reis das coisas alheias.

Ironia. Dos funcionários não se pode falar coisa melhor; recitam no íntimo e publicam a voz: onde está o rei? Em Portugal? Pois se ele lá está, nós estamos cá. Mande ele de lá o que mandar, nós fazemos cá o que nos bem estiver.

Luto. Após o sermão, Vieira ganha o público à causa missionária.

Mar. Contudo, não demora a fortuna gira. Envolve-se nas intrigas em favor da deposição de d. Afonso e a garantia da tutela da rainha-mãe a d. Pedro.

Luto. Num lance rápido, os válidos de d. Afonso dão o coice. No entardecer de 23 de junho de 1662, a regente (a rainha mãe) entrega ao filho os selos de Estado. Grande artimanha dos principais conselheiros do novo reinado, o conde Castel-melhor e o bispo de Coimbra — Sebastião Cézar de Meneses.

Ironia. Triunvirato do desafeto! De imediato varrem a corte.

Mar. O direito ao primeiro desterro é de Vieira, para o Porto; depois o secretário de Estado, leitor da censura a d. Afonso — que todos acreditam ser obra do conspirador-mor, o nosso jesuíta — e, em seguida, o duque de Cadaval.

Ironia. Se o prestígio se esvai, os negócios do Maranhão ganham estrada de colonos.

Luto. Vieira, neste tempo, responde às 25 acusações dos procuradores da província do Maranhão; escrevendo a *Resposta aos Capítulos* — 1662.

Mar. Mesmo assim, nos idos de 1663, abole-se a jurisdição temporal dos missionários e se determina a jurisdição espiritual, a cargo de todas as ordens.

Ironia. Sabem por quê? Respondo: quando o preço do tabaco sobe, a liberdade indígena é fumaça.

Mar. É, mas a situação começa a se complicar no Santo Ofício. Se em abril de 1660 os inquisidores ordenam a presença do bispo do Japão, padre André Fernandes, lhe pedindo a entrega da *Carta esperança de Portugal*, escrita por Vieira em 1659 de Camutá, agora as situações desfavorecem Vieira.

Luto. Não só. O nosso jesuíta se mantém atento à política. No acontecer das vitórias portuguesas no Ninho contra as forças espanholas, inclina-se à paz. Comenta sobre isto, sorrateiramente, em carta ao marquês de Gouveia.

Mar. A teimosia do jesuíta me encanta. Nem basta o desterro; opina — corre risco em situação vigiada. Quase ganha, pelos comentários, o banimento amplo: Angola, Brasil e até o Maranhão.

Luto. Contudo, sendo da Companhia de Jesus, resolvem mandá-lo ao Colégio Jesuítico, em Coimbra — sob vigilância.

Ironia. A cidade guarda o seu clima nas internas dos seus habitantes. Úmidos, frios como as mentes acadêmicas. Só há algum calor nas bebedeiras.

Mar. Nada tarda, tudo vem sem momento adequado. Em fevereiro de 1663, o Conselho Geral do Santo Ofício, em Lisboa, ordena ao tribunal de Coimbra chamar o padre Antônio Vieira à mesa — de forma a dar explicação sobre o escrito *Esperanças de Portugal*.

Ironia. Adoentado está. Três vezes morto e três vezes ressuscitado.

Luto. Melhor; no dia 21 de julho, em Coimbra, dá-se início ao processo inquisitorial.

Mar. O ambiente é dominado pela tapeçaria no fundo, sobre a qual repousa um crucifixo em prata espanhola. Sala ampla, reduzida ao beneplácito da vasta mesa; esta, abraçada em carmesim. Austera voz do inquisidor. Rápida a mão do notório. E o rosto, torcido, depara-se nas formas do sublime martírio em mármore branco.

Luto. Não! Vieira é recebido em espaço mais reservado. Senta em cadeira de espaldar; garante a distinção frente ao dr. Alexandre da Silva.

Mar. Se tem certeza, tudo bem. A primeira manifestação do nosso jesuíta é: sem negar o fato de ter escrito a *Carta Esperança de Portugal*, nega ter cometido qualquer ato censurável.

Ironia. Ora, a carta é um escrito privado, controvérsia entre doutos. Como tal pode conter erros involuntários; mas culpas intencionais nem pensar, não é?

Luto. Vieira é categórico. Afirma: as palavras da carta dizem outra coisa; contrárias aos entendimentos dos inquisidores.

Mar. O tribunal de Coimbra não perde o rumo. Insiste: um homem letrado e teólogo não comete ignorâncias; sendo assim, há culpas.

Luto. No segundo exame, Vieira adota uma estratégia: pede permissão ao tribunal para pôr em escrita o verdadeiro sentido da carta, sustentada nas autoridades e nos textos sagrados.

Ironia. Ele reconhece: quando o fim é antes do suceder, é necessário colocar tempo entre a morte e a vida. Jamais ele, que, na remada profética, encosta o ouvido na boca do índio e do intérprete, sem poder distinguir as sílabas, nem perceber vogais ou consoantes, de que formam as palavras dos brasis. Equivoca-se na mesma letra com outras, ouvindo a mistura de todas elas. Seus ouvidos escutam a confusão. Tais línguas não as ouve, pois só ouve delas o sonido e não palavras articuladas; portanto, há de se acreditar em profecias. Isto porque: quando a escuta se embaralha, as vistas vêem no que é ouvido o que não admitiam ver.

Luto. Deus a perdoe! A estratégia é preparar a *Representação da defesa perante o tribunal do Santo Ofício* e a *Apologia das coisas profetizadas*, de forma a dobrar os inquisidores e promover a notoriedade da escrita.

Mar. Osso duro de roer. O tribunal não consegue se resolver: Vieira deseja se mostrar inocente e obediente ou capaz de desacato às censuras? Durante quatro anos, entre doenças e recaídas, não confessa culpa alguma e nem cede. Exige: *interrogue-me se transpareço ou não uma intenção criminosa quando penso em escrever o livro Clavis Prophetarum*.

Luto. O nosso amigo busca refúgio na idealidade do livro a ser escrito (*Quinto Império, Clavis Prophetarum, Esperança* de *Portugal*, e por obrigação do segredo inquisitorial, *História do futuro*).

Ironia. Mesmo consciente da estratégia escolhida, está só. Solitariamente entra na escrita, sem companheiro ou guia, sem estrela e nem farol, sem exemplar nem exemplo. O "mar" é imenso, as ondas confusas, as nuvens espessas, a noite escuríssima; mas espera do Pai dos lumes o salvamento de sua frágil barquinha nas noites da censura, não é?

Luto. O belo se torna terrível na sua boca, cara senhora. Desejo dizer: em setembro já está, há meses, na quinta da companhia à beira do Mondego — transferido em razão das enfermidades.

Ironia. Lá está na cidade, cujas muralhas abandonam os homens à própria idéia.

Mar. Meu Deus! No dia 25 se acha disposto a se apresentar no tribunal. No dia 20 de outubro, Vieira comparece; é réu de fato. No dia 27 e no dia 3 de novembro os interrogatórios são sobre o V Império e a crença nas profecias de Bandarra.

Ironia. Ora, ora, ora, se há um profeta mais que profeta, Cristo, por que não há, também, profecias mais que profecias?

Luto. Por quê não? Muitos lêem Bandarra. Por que só ele? Ainda mais, lembro-os: quando se chega à hora precisa do limite que Deus tem posto às coisas humanas, basta Gil Eanes em uma barquinha a vencer todas as dificuldades, a acanhar todos os receios, a pisar todos esses impossíveis e navegar, segura e venturosamente, os *mares nunca de antes navegados*.

Mar. Bem lembrado. Ali aonde chega o presente e começa o futuro, há o cabo do Não. Não havia historiador que dali passasse um ponto com a narração dos sucessos da sua história; não havia cronólogo que adiantasse um momento a conta de seus anos e dias; não havia pensamento que, ainda com imaginação (que a tudo se atreve), desse um passo seguro mais avante naquele tão desusado caminho. E mais, adiante a este cabo, confusamente, se apresenta a carranca medonha: o temerosíssimo bojador do futuro — coberto todo de névoas, de sombras, de nuvens espessas, de escuridade, de cegueira, de medos, de horrores, de impossíveis. Mas, se agora se vê desfeitas estas névoas, esclarecido este escuro, facilitada esta passagem, dobrado este cabo, sondado este fundo e navegável e navegada a minha imensidade, e isto feito por um piloto de tão pouco nome e em uma tão pequena barquinha, à medida de limitado talento, dê-se louvores a Deus e às disposições de sua Providência, e se entenda que se passa o cabo, porque chega a hora.

Ironia. Que perigos os portugueses não desprezam! Que dificuldades não vencem! Que terras, que céus, que mares, que climas, que ventos, que tormentas, que promontórios não constatam! Que gentes feras e belicosas não domam! Que cidades e castelos fortes na terra, que armadas poderosíssimas no mar não rendem! Que trabalhos, que vigias, que fomes, que sedes, que frios, que calores, que doenças, que mortes não sofrem e suportam; sem ceder, sem parar, sem tornar atrás, insistindo sempre e indo avante, com mais pertinácia que com instância.

Luto. Pois é!

Ironia. Bem, acreditando nisto, Vieira é acusado por se filiar ao fantasma dos Descobrimentos e ter as idéias embarcadas em Bandarra. E nem tem sangue hebreu para poder assumir a face da culpa no nascimento.

Mar. Retirando a sua dose costumeira de veneno, creio que sim. Digo: Vieira apenas aceita as esperanças pretendentes de qualquer cristão; pois no V Império a paz retira o receio, a união lhe desfaz a inveja, e Deus lhe conserva a grandeza.

Ironia. Deixe-me dar um pouco de orgulho às palavras do senhor e à alma do nosso jesuíta. Vieira espera dessa escrita que o mundo ouça o nunca visto, leia o nunca ouvido, admire o nunca lido e pasme assombrado o que não é capaz de imaginar, não é?

Luto. É. No 15 de dezembro outra sessão acontece.

Mar. Estou aqui pensando se não são as objeções dos inquisidores as matérias dos seus escritos especulativos.

Ironia. Pode até ser. Contudo, o ano da besta, 1666, vem chegando, e nele, possíveis desgraças na Igreja; e no fim, a subjugação do império turco e o surgimento do império universal.

Luto. Nem é por menos. Os turcos tomam sete cidades da Alemanha e cercam Praga. Junte-se a isto o aparecimento de um cometa nos céus de 1664 em Portugal.

Ironia. De fato este último acontecimento figura grandes prodígios de perto e de longe. Corre o cometa de Valença do Minho em direção à Galícia, onde desaparece; sua figura é uma espada de cor verde e amarela, saindo de duas pequenas nuvens: uma branda, outra vermelha. Em correlação a isto, em Guimarães, um homem enfermo vomita um dragão de duas asas e, em Roma, três dias de névoas espessas e escuras — não se vê os homens e nem os edifícios. Tudo são sinais. Solenizam as vésperas do dia fatal, em cujas maravilhas nenhum homem há de ser tão incrédulo, não é?!

Luto. Muitos acreditam, piamente.

Ironia. Vieira persegue, nesta idealidade da fé, as experiências desprendidas de suas correntes. Ou seja: o futuro — porque os homens o amam.

Mar. Bela proposição. Os homens são tão parvos quando querem ver revelados os futuros, que nem eu sei o quanto de perda de vida há neste querer.

Luto. Voltemos. Ao longo de 1664 e até o setembro de 65, Vieira se aproveita da alçada da inquisição, consagrando o seu tempo aos estudos.

Mar. Consagra-se às matérias proféticas; pois sabe ser, a existência da sua obra, algo ressoando na corte.

Ironia. Escrever um livro maior que o próprio mundo; bem, é fazer a fé cristã reiniciar.

Mar. Pouco entendi; continuo: de febres consecutivas sofre. Convalescente, ouve no mês de abril de 1664 o libelo acusatório. Responde não ter culpas a confessar e nenhuma declaração a fazer.

Luto. Recorre, de imediato, ao direito de ver prorrogado o tempo de pôr a limpo os seus papéis. Argumenta estar preparando a *Defesa*.

Ironia. Ora, está a se mover. Esfrega o seu ego nas idéias e lustra o pensamento no pressuposto de que a fé cristã deve reiniciar; um pouco de mim em cada gesto.

Mar. Convencida. O Conselho Geral do Santo Ofício, em Lisboa, não o espera. Ordena ao tribunal de Coimbra que o chame à mesa — 23 de dezembro.

Ironia. Se vai Vieira, range os dentes e arrasta doenças. Leva consigo sua cruz; um amontoado de papéis.
Luto. Naquele dia, argumentos cá, argumentos lá, Vieira consegue ampliar o prazo — até o dia da Páscoa de 1665 (5 de abril).
Mar. O tempo despenca; surge o dia; ele enfermo. Só em julho retoma os seus afazeres. Em agosto recebe notificação do Santo Ofício: entregar a *Apologia das coisas profetizadas* e a *Defesa*.
Ironia. E 1666 retirando-se; e ele ainda aguarda as soluções da fatal manhã.
Mar. No fim da tarde de 10 de setembro, quando a boca da noite lança o seu hálito sobre terra, um pequeno bilhete da inquisição pousa em suas mãos — entregar a *Defesa* e a *Apologia*, ordem do Conselho Geral do Santo Ofício.
Luto. Vieira alvitra o perigo. Só comparece no dia 14 de setembro; a sessão já termina, mas o ouvem. Mal sabe; o julgam antes. Petição lá, negativa cá; em 1º de outubro fecha-se a porta do cárcere aos olhos de Vieira.
Ironia. Cárcere de distinção, de custódia, não é?
Luto. Em sua companhia o breviário, o leito e pequena mesa à consciência. Na próxima sessão, acompanhado de um guarda, informam-no: seu estado se deve às censuras feitas pela própria Congregação do Santo Ofício de Roma.
Ironia. Curva-se obedientemente; mas não cede.
Luto. Neste momento, onde reconhece o perigo, despacha às escondidas o *Livro Anteprimeiro da História do Futuro*, *V Império do Mundo*, *Esperanças de Portugal*.
Ironia. Em segredo, o prefácio da *História do futuro* sai; tem que sair, visto que anuncia a restituição do mundo à sua inteireza e natural formosura de um livro.
Luto. Voltemos. Vieira ainda teima. Pede livros — de forma a resolver se aceita ou responde à censura da inquisição. No dia 15 de outubro, a inquisição indefere o pedido.
Mar. Reclama; ganha cinco meses sem os ares do mundo.
Ironia. Não sei; alguns o vêem em outras bandas.
Luto. Impostura. Do 16 de novembro de 1665 ao dia 6 de abril de 66, apenas sombras; neste último, sai do cárcere à audiência solicitada.

Ironia. Já entra 1666, e o que é para ser deixa-se confortável num talvez futuro.
Mar. Após aquela audiência, sem conseguir coisa alguma, some, novamente, nas sombras. Reaparece em 23 de julho, entregando a *Apologia* — a outra maneira de se defender. De fato, de duas coisas é acusado o nosso amigo: de presunção de engenho e de simpatias judaicas.
Luto. Suas simpatias e suas presunções são agora apenas sombras, a encobri-lo até 2 de outubro — esperando as qualificações dos inquisidores.
Mar. Sente-se só; não está. A companhia se mobiliza. Pede intervenção do pontífice.
Luto. Pelo menos diminuir a influência majoritária dos dominicanos. Contudo, nada acontece de relevante, há outros interesses da companhia em jogo.
Mar. E o duelo teológico indo, até de dezembro.
Ironia. E 1666 a se deixar ir; e o prometido, se curvando num desejo em noite sem lua.
Mar. Infindas — arrastam-se as discussões, entre uma doença e outra de Vieira, até o dia 19 de agosto de 1667. Nesse fatídico dia, recebe a notícia: as censuras de Roma são aprovadas pelo pontífice.
Ironia. A obediência é imprópria ao orgulho.
Mar. Sem equívoco, cara senhora. No dia 23 de dezembro é lida a sentença. Se o tribunal de Coimbra promove uma sentença, o Conselho Geral de Lisboa lhe altera. Por duas horas — de pé — ouve a enumeração de seus erros, ressoando na mente as figuras dominicanas.
Luto. Está privado de voz ativa e de voz passiva; para sempre.
Mar. Cinco dias após, o Santo Ofício lhe dá o lugar de reclusão — um antigo mosteiro beneditino no Porto. Impróprio, permanece no colégio da companhia.
Luto. Roda a fortuna. Em razão das pressões dos amigos, nas circunstâncias de uma nova mudança de governo, é transferido ao noviciado de Lisboa.
Ironia. Passar de Coimbra ao noviciado não sei se é ir adiante ou tornar atrás.

Mar. Lamúria. O duque de Cadaval é o confidente da rainha-mãe, d. Maria Francisca, na causa do divórcio de d. Afonso. D. Rodrigo arruma as finanças do Estado, neste governo de d. Pedro.

Luto. O momento lhe é favorável.

Ironia. Enquanto há circunstâncias, o rei deposto no Palácio de Sintra confessa-se aos fantasmas.

Mar. Vêm, enfim, águas limpas de março de 1668 lavando a história. As pazes com Castela são publicadas em 11; há em 24 o divórcio da rainha d. Maria Francisca de Sabóia de d. Afonso VI; e a 2 de abril, o casamento desta e d. Pedro.

Luto. Neste intervalo, Vieira é absolvido da pena. Só se mantém sobre ele a obrigação de não tratar das matérias recriminadas.

Ironia. A corda vinda de cima tira qualquer um do poço, levando-o ao paço.

Mar. Concordo plenamente. No dia 25 de dezembro os ares da liberdade, após uma chuva da manhã, lhe dão à luz fria do inverno.

Luto. Os dias passam, e em janeiro de 1669, sua hora pública chega — na celebração do nascimento da princesa Isabel.

Ironia. Bem, devo confessar quando pressinto maravilhas: o eterno padre quis a fecundidade dos príncipes portugueses semelhante à sua. A rainha está prenhe — só o divino explica.

Luto. Intrigas. A senhora gosta de mexericos, não é?

Ironia. O senhor se esquece: há pouca conta em se tratando de mulheres comuns. Ando animada; resolvo crer em casos nobres; exceções à regra.

Mar. Esqueçam as anedotas. Vento às velas.

Luto. Na quaresma de 1669, sobe Vieira ao púlpito.

Ironia. Redimindo-me, senhor, permita-me esta responsabilidade. Digo: se servir à pátria que é ingrata, faz o que se deve e ela o que costuma.

Mar. Mas, fala mais!

Ironia. Sem demora: o prêmio das ações honradas elas têm em si e a levam logo consigo; nem tarda, nem espera requerimentos, nem depende de nada.

Luto. D. Pedro fica feliz. Estas palavras o protegem dos descontentes.
Mar. É; mas não só. No sermão dos Pretendentes o nosso amigo afia a língua.
Ironia. Os grandes descobridores primeiro passam o cabo do Não e depois o cabo da Boa Esperança. Os pretendentes pelo contrário: começam pelo cabo da Boa Esperança e acabam pelo Não.
Luto. Fala também de si.
Mar. Os amigos novos, aos quais os filhos elegem, pode ser que sejam bons e fiéis amigos, mas os amigos dos seus pais já o são, porque estes já estão experimentados e provados; aqueles ainda não!
Luto. Ele não se endireita. Tem os inimigos dominicanos por um lado e, por outro, os de vários tipos; e, mesmo assim, sobe ao púlpito na festa de Santo Inácio em Santo Antão — em julho.
Ironia. Descasca raiva em filetes de saborosa vingança.
Mar. O livro das vidas dos santos é o original do qual Santo Inácio é cópia — semelhante a todos os santos; mas entre todos os santos, sem semelhante.
Ironia. Lega: na Alemanha o demônio se apodera de um homem; está tão forte e tão rebelde que a tudo resiste. O padre repete muitas vezes os exorcismos; o demônio não se rende. Resolve o padre convocar todo o exército do céu. Miguel! Gabriel! E Satanás zombando. São João Batista, patriarca e profeta! Satã em descaso. São Pedro! São Paulo! Efeito nenhum. São Estéfano, São Lourenço, santos mártires! E a coisa-ruim, mais rebelde. São Gregório, São Ambrósio, santos doutores! E ele mais aferrado, mais pertinaz, mais furioso. Santo Antônio! Nada. São Benedito! Nada. São Bernardo! Abalo nenhum. São Domingos! Esfrega as mãos — fortemente. São Francisco! Trança as mãos. Santo Inácio! Soando o nome deste, desampara o demônio. Afasta o homem; desaparece e nunca torna.
Luto. A impertinência de Vieira é escandalosa.
Mar. Gosto disto. Grande parte da platéia contém o riso. Os dominicanos e seus simpatizantes têm a espinha em ódio. Nem assim sossega, continua o ataque.

Ironia. Tudo que quiser, tudo que desejar, acha-se neste Santo ou neste compêndio de todos os Santos. Essa é a razão por que a Providência Divina quer concorrer e ajuntar, neste grande exemplar, tantas diversidades de estados, de exercícios, de fortunas. Nasce fidalgo, é cortesão, é soldado, é mendigo, é peregrino, é preso, é estudante, é graduado, é escritor, é religioso, é pregador, é súdito, é prelado, é legislador, é escritor, é religioso, é mestre de espírito, e até pecador é em sua mocidade. Depois, arrependido, penitente e santo. Para quê? Para que todos achem tudo em Santo Inácio. O fidalgo acha em Santo Inácio uma idéia de verdadeira nobreza; o cortesão, os primores da verdadeira polícia; o soldado, o timbre do verdadeiro valor. O pobre acha em Santo Inácio que o não desejar é a mais certa riqueza; o peregrino, que todo mundo é pátria; o perseguido, que a perseguição é o caráter dos escolhidos; o preso, que a verdadeira liberdade é a inocência. O estudante acha em S. Inácio o cuidado sem negligência; o letrado, a ciência sem ambição; o pregador, a verdade sem respeito; o escritor, a utilidade sem enfeite. O religioso acha em Santo Inácio a perfeição mais alta; o súdito, a obediência mais cega; o prelado, a prudência mais advertida; o legislador, as leis mais justas. O mestre de espírito acha em S. Inácio muito que aprender, muito que ensinar, e muito por onde crescer. Finalmente, o pecador (por mais metido que seja no mundo e nos enganos de suas vaidades) acha em S. Inácio o verdadeiro norte da salvação, acha o exemplo mais raro da conversão e mudança de vida, acha o espelho mais vivo da resoluta e constante penitência, acha o motivo mais eficaz da confiança em Deus; e na sua misericórdia, consegue, persevera, sobe e chega ao mais alto cume da santidade e graça com a qual se mede a Glória. Ufa!

Luto. Posso perguntar uma coisa à senhora?

Ironia. À vontade.

Luto. Em quais partes posso vê-la neste trecho declinado?

Ironia. Em nenhuma parte. Não estou ali ou lá; antes fico acima de todas elas. Melhor dizendo: pairo elegantemente, ao manter a distância, esperando um leitor do meu sangue.

Luto. Então, independente de a senhora estar visível ou não, pode estar em qualquer frase, palavra ou oração?

Ironia. Esta é a maior das minhas qualidades. Qualquer expressão lingüística me contém. Isto porque espreito os discursos açoitando os seus limites. Compareço de diferentes modos, basta haver alguém me querendo. Há até alguns que, na fala de Deus, me vêem. Qualquer discurso de cima me encerra.
Luto. Então, o discurso humano está ao seu sabor?
Ironia. Assim como toda a morte dos amados lhe preserva.
Luto. Por certo, ali estou.
Mar. Embora eu goste destas digressões, desejo advertir: o tempo nos permite apenas o seu curto desmaio.
Luto. Continue.
Mar. A reação ao sermão de Vieira é imediata. Os dominicanos pregam contra; entendem ser as palavras do nosso jesuíta dúvidas sobre a própria qualificação da ordem no Santo Ofício.
Luto. Esta é a última vez que prega em Lisboa, e em todo Portugal. Nunca mais ouvem a voz da Colônia no rosto da metrópole.
Ironia. Denunciando a inércia da metrópole e se esvaindo em obediências coloniais — mais ou menos, é claro.
Mar. Na celeuma provocada, Vieira embarca em direção a Roma no dia 15 de agosto.
Luto. Alguns acreditam: vai a tratar da canonização dos mártires jesuítas — o padre Inácio de Azevedo e 39 companheiros, esfolados por corsários calvinistas. Outros acham: vai a negócios diplomáticos em favor de d. Pedro. Outros esperam que ele vá a novo julgamento. Outros, da própria companhia, dizem: sua ida é para que o geral lhe desnude o hábito. E, por fim, aqueles que parecem saber: vai a conseguir uma nomeação de inquisidor-geral — jesuíta, é claro.
Mar. É impressionante; a viagem de Vieira provoca na mente dos portugueses tantas elucubrações!
Ironia. Nem é menos. Vieira é odiado e amado; é a polêmica encarnada das tendências futuras de Portugal. Posso falar: vai à incumbência jesuítica e até ao serviço do rei, vai ao gosto de suspender as garras do Santo Ofício da sua cabeça; mas a ida é: garantir distância — de forma que o seu amor, agora imperfeito, a Portugal, não se torne verdadeira aversão. Isto porque: todo im-

perfeito amor é verdadeiro ódio; todo ódio perfeito é verdadeiro amor letífico. Aqui está uma das minhas melhores aparições.
    Luto. Gosto disso.
    Mar. Eu também, mas urge o restante do tempo. Precisamos continuar.
    Luto. Faça-me a gentileza de deslizar as informações da vida.
    Mar. Vieira desembarca em Liorne no dia 21 de novembro.
    Luto. Nossa! Quanta demora! Dá a ir e a voltar ao Brasil.
    Ironia. Algumas coisas sempre o atrasam. Quando esteve arribado em Marselha, encontra o príncipe da Toscana. Nosso amigo não pode ver pai de primogênito; logo propõe casamento da infanta filha de d. Pedro com o herdeiro de Toscana.
    Luto. Nos seus olhos já estão figurados os futuros do reino em terras de Itália.
    Ironia. Bordados futurísticos é o tecido mais apreciado por Vieira.
    Luto. Eis a forma de diplomacia capaz de mantê-lo vivo.
    Mar. Outro episódio, desta viagem, levanta as velas do nosso jesuíta. Quando está no porto de Alicante, um hebreu batizado o saúda. Sabedor do desejo de Vieira em escrever a *Clavis Prophetarum*, onde todas as religiões, no V Império, se tornam uma só, sob a batuta de Deus e trono português, recebe elogios entusiásticos e o conselho de ir a Orão. Lá, contando o futuro próximo, todos os judeus não tardam na conversão.
    Ironia. Bem, os olhos de Vieira minam verdades em noite de lua.
    Luto. Verdade, a grande verdade: se o mundo há de declinar ainda mais, é melhor acabá-lo na paz antes que ele se acabe. Isto é, prontamente, o mote da *Clavis Prophetarum*.
    Ironia. Toca na ferida. O único perdão possível ao mundo é aglutinar os homens sob a tirania de uma única idéia; no caso o V Império. A culpa histórica dos homens precisa de conforto metafísico, uma contra-natureza; dando à história a estabilidade necessária, a Promessa — Cristo julga ao retornar.
    Luto. Que os homens se preparem!

Mar. Afastem-se de especulações, já o tempo começa a ter o sono leve.
Luto. Continue então.
Mar. Após desembarque, segue Vieira a jornada por terra. Quando se aproxima de Roma, uma comitiva vem ao encontro. De lá, o padre Gaspar Gouveia, assistente de Portugal nas coisas da fé, e alguns nobres romanos — amigos dos jesuítas.
Luto. Caso atípico; nada há de *standard* neste procedimento.
Ironia. O orgulho de Vieira baba.
Mar. Exagera, minha senhora. Não se trata de orgulho e nem vaidade; mas emoção de se ver saudado por homens escandalizados pelos procedimentos do Santo Ofício em Portugal.
Ironia. Devo dizer, admitindo a minha improcedência: há 20 anos, o saudoso rei, d. João IV, manda o nosso amigo com maior confiança e autoridade; agora, quando isto é necessário, ele está em suma indignidade. Há no tempo uma sentença: o que se precisa hoje é dado ontem, o que ontem se desdenha, o hoje não tem.
Mar. De muito concordo, senhora. Vieira na Itália nem esquece e nem lembra. Apenas arrefece a dor.
Luto. A busca é: uma boa dose da vingança injetada nas gargantas dos ministros do Santo Ofício em Portugal.
Mar. Pode ser. Naquela cidade capital, todas as contendas entre os príncipes católicos encalham; todas as peripécias diplomáticas, ali, têm platéia.
Luto. Vieira assiste a agonia de Clemente IX. Todos aqueles cardeais a negociar, a simular, a arranjar, a trair, a confabular e a escolher. Só em abril de 1670 elegem o novo papa, Clemente X.
Mar. Ora, cada um de uma facção.
Ironia. Melhor: cada um é príncipe e de príncipes.
Mar. Tanto tempo, e quando indicam, lá está um moderno cardeal de 80 anos e repleto de achaques.
Ironia. Eis o centro do mundo!
Luto. Não se aborreça, são apenas homens.
Mar. E Vieira esperando.
Luto. Aguarda, desejando fazer valer os mártires.

Ironia. Tem contra isto a qualidade de serem portugueses.
Luto. O que a senhora quer dizer?
Ironia. Quero dizer: por serem, já estão no fim da fila. Outras nações são poderosas e, portanto, os seus interesses são milagres.
Mar. É a mais pura e escarrada verdade. A representação portuguesa no papado é fraca.
Luto. Se comparamos à Espanha, em mártires e santos, então!
Ironia. Então, vemos o anão a buscar, nos sonhos, esposa gigante.
Luto. Que maldade! Entretanto, bastante lógica.
Mar. De fato, o papa abandona Portugal sem reconhecimento, sem breves de confirmação dos prelados, sem receber diplomatas; até a paz ibérica.
Ironia. Só em fevereiro de 1671, acha-se o pequeno rosto da Europa de olhos limpos — cristãmente, é claro.
Luto. Nesse ambiente de não receber diplomatas portugueses, apenas o marquês das Minas teve algum sucesso. Vieira, ao chegar, gruda no orgulhoso nobre.
Mar. Parece caramujo à procura da concha.
Ironia. Gosto quando o senhor me saboreia; contudo, sabe ser o traçado do marquês à romana o que em Portugal se desfaz.
Luto. Sem incertezas. É o marquês das Minas quem o apresenta à corte católica de Cristina da Suécia — essa nobre erudita. É ele o prestador de ajudas insofismáveis no reconhecimento da Santa Sé ao governo de Portugal.
Ironia. Trabalha muito este homem, tanto à portuguesa no valor, como à romana na destreza.
Luto. São poucos os que fazem por Portugal.
Ironia. O mundo dá tanta terra a Portugal, e, para ser português, é necessário deixar Portugal.
Mar. Todo grande português é uma forma de estrangeiro.
Luto. Não à toa, os intelectuais castiços são o mal de Portugal.
Mar. O senhor tem a razão. Até aceito ser toda a história de Portugal uma pendenga entre estrangeirados e castiços. Há,

contudo, um outro arranjo, onde os grandes escritores, incluindo aqui Antônio Vieira, podem ser mais bem apreciados.

Luto. Qual?

Mar. Explico-me. Todos os escritores estão prisioneiros do trauma dos Descobrimentos. Revivem o primado deste único colapso histórico, buscando encontrar as sutilezas literárias que o compense. São frágeis barquinhas culturais. Navegam sob um mapa, tomado a contento, e sob o vento contrário da turba. Nesse ir, tentando garantir o retorno, arranham o descompasso da vida através de "instrumentos náuticos", ao contar apenas com uma única cidade, Lisboa.

Luto. Bonito é, mas ainda não compreendo.

Mar. Elucido. Há apenas uma cidade, Lisboa, mais antiga que Roma — no dizer de Vieira. Ela é cercada por tudo que não a pertence e, por isso, dela. Dentro dos seus muros, homens que a mantêm aberta para o mar, contra o fogo das eras. As suas batalhas literárias são inúteis, pois o seu maior agressor é a própria escrita.

Luto. Então, os exércitos da literatura morrem conscientes da impossibilidade inerente às suas ações? É isto?

Mar. Sim. Este é o sacrifício da literatura à pátria, em uma cidade. Todos estão desterrados no mesmo colapso dos Descobrimentos. Sendo, por isto, as íntegras noites da história, iluminadas pelas ruas de Lisboa.

Luto. Não compreendo, mas fico satisfeito.

Ironia. Depois os senhores dizem ser eu a complicada. Ora, nascer pequeno e morrer grande é chegar a ser português. Por isto, dá Deus aos portugueses tão pouca terra para o nascimento e tantas terras para a sepultura. Para nascer, Portugal; para morrer, o mundo. E tenho dito!

***

Retira-se a Ironia, com gestos de poucos amigos. O Mar debruça-se sobre um penhasco a ver os limites da terra. Enquanto isto, o Luto acaricia o peito, balbuciando.

Luto. Grande é a façanha de quem ama, mesmo sendo abandonado. Todas as verdades de Vieira sobre a vida acontecem na medida das sombras lançadas pelo sol em dia iluminado de inverno. Não tenho nenhum receio de dizer: ele precisa de mim.

Prelúdio da Distância

Quando alguém sai das sombras e é pego pela luz solar de uma cidade capital, tudo parece pertencer àquela claridade. Nenhuma circunstância proveniente das distâncias impede a luz de se atrever a acompanhá-lo. Nem qualquer outro brilho urbano é capaz de modificar tal situação. Certas partículas luminosas parecem distinguir o possuído.

Possuído, recita dogmas históricos sobre os múltiplos aspectos de outras cidades. Quando fala, certo peso luminoso o faz projetar-se para frente, na sensação de carregar gravidade excessiva. Mas como sabe ser a luz leve, reconhece o maciço nas costas através de uma amorosa vingança.

Não trair a cidade doadora da primeira luz após dias de sombras é agora a única tarefa — quase comparável a mover a lua sem tirar os pés da terra. A cada tentativa de se livrar da excessiva carga, mais luz pousa sobre o dorso e um outro tanto de amorosa vingança lhe agasalha.

Antônio Vieira é este homem. Está em Roma e sente Lisboa. A cada sucesso na cidade eterna, mais luminosidade vem da Ulisséias. E como o brilho se intensifica, com o passar do tempo, mais nitidamente vê, curvado, as impropriedades dos atos sob o manto da amada.

Em determinado momento, ao se virar à luz, vê a verdade: nada começa e termina em Lisboa: prédios, idéias e projetos. Neste instante, tendo Roma às costas, admite o por que Lisboa. Pergunta: em qual província da Europa se dará o V Império? A luz responde: em Espanha. Em qual reino? Em mim, Lisboa. Contudo, sabemos ser as respostas da cidade a visão mais clara de luminosa cegueira, onde a amorosa vingança de Vieira grita em tom imperativo: desvaneça-se, luz! Faça-se mundo.

Mar. Ali está o nosso jesuíta em Roma — nada da exuberância da cidade o comove.

Luto. Creio ao contrário, tudo o abala; e se cala.

Mar. Vejo que encontrou a devida procedência dos silêncios de Vieira sobre a cidade da Santa Sé.

Ironia. Permita-me falar. São as muitas riquezas das igrejas, das praças, dos prédios e das ruas a assustar. Se ele der atenção a esta sublime urbanidade religiosa, terá de trair Lisboa e se atirar aos leões no Coliseu.

Mar. É um pouco demais o seu dizer; mas vou aceitá-lo. Roma contraria os escassos recursos dispostos à fé em outras partes do mundo.

Ironia. Eu já disse, Vieira parece namorar as necessidades de uma igreja pátria, como é o caso da Inglaterra. Para tanto, seria imperativo ousar numa liturgia própria; e ele quase a faz com a idéia do V Império.

Luto. Tirando as suas enviesadas chalaças, considero, agora, a imagem de igreja pátria, a cena recorrente ao silêncio, habitual, à retórica do nosso jesuíta. Junte a isto o acalento, na esquina mais íntima da alma, da nova União Ibérica — sendo capital Lisboa.

Ironia. Cá pra nós, nunca o nosso jesuíta se resolve. Nunca deixa de manter um ponto de fuga. Suas fantasias eram do tipo noite e dia; uma fecha a porta, enquanto a outra abre a janela. Só conheço uma, impedindo qualquer escape: a profecia do V Império. Isto porque esta fatal imaginação era a grande cobertura a tudo que no céu se julga, enquanto o entardecer dá o tom de descontinuidade.

Luto. Lembras-te bem. Ali em Roma, estava Vieira atento aos próximos passos do Império Otomano. Bandarra havia dito: os 70 — período inevitável.

Mar. Mais próximo do Império da Lua — assistindo os seus futuros movimentos — só se ele se dirigisse à Hungria.

Ironia. Não se descuidem, a ameaça do Oriente sempre saboreou as fronteiras da Itália, não é?

Luto. Bem disse. Tendo o Império Otomano às vistas, Vieira ainda pode esperar de d. Pedro a investidura das razões místicas do Encoberto e a concretização do plano divino do V Império.

Ironia. Embora o nosso amigo não quisesse mais crer nas profecias, tudo via ou ouvia sem poder negar as evidências. Até porque o escrito há 200 anos nos quatro últimos se via; faltando apenas o que já se começava a dizer, não é?

Luto. A senhora não perdoa, brinca em demasia.

Ironia. Meu senhor, a realidade tropeça e cambaleia na história; sendo mais livre e clara nas minhas sátiras.

Mar. Sosseguem. Eis a verdade nua e crua: Vieira está exilado. Só vive em Roma por não o aceitarem em Lisboa.

Ironia. Dando conta deste estado, camufla-se. Ora diz ser mais feliz do que o papa no Vaticano; ora admite: só o esquecimento de Portugal pode o levar de volta. Contudo, bastaria d. Pedro mexer um dos dedos, e ele destruiria as cadeias douradas à romana, indo por mar, terra, ou pelos ares, se esparramando aos pés da Alteza Real.

Luto. Nada, porém, o possibilita prestar seus serviços. O rei se faz de ouvido mocho.

Mar. E ele em Roma, desencantando-se, indo ver mais as ruínas e os desenganos do que foi, do que assistindo as vaidades.

Luto. Pura saudade; cabe compensá-la. Lisboa está atualizada nos dois sermões pregados na Igreja de Santo Antônio dos Portugueses em 1670 — o das Cinzas e o da festa do Orago.

Ironia. A presença de portugueses era diminuta; os italianos não o entendiam, e os castelhanos desejavam entender muito mais.

Luto. Nestas situações, lhe restava ir compondo os seus sermões em várias línguas, pô-los em letra de metal — segundo o desejo do geral da companhia.

Mar. Bucólica obediência; sem gosto.

Ironia. Pobre Vieira, desenganado em Roma, expatriado. E Lisboa não lhe permite a paz do exílio.

Mar. O que a senhora quer dizer: não lhe permite a paz?

Ironia. É porque na manhã de segunda-feira, dia 11 de junho de 1671 — eu acho —, foi violado o sacrário da igreja do mosteiro de Odivelas.

Luto. Ora, mas isto nada tem a ver!

Ironia. Não pouco. Conceda-me o direito de contar a historinha da ignorância travestida de zelo da fé.

Luto. Eu assim a quero.

Mar. Espero me deliciar!

Ironia. Pois bem. Após o sacrilégio, não demora muito o ânimo de Lisboa, e, no restante do país, acusar os melhores bodes expiatórios de todos os problemas europeus.

Luto. Quem são estes?

Ironia. Dai-me paciência. Isto é tão claro: os hebreus, evidentemente. Gente de nação, cristãos-novos, os da Lei de Moisés, ou qualquer outro nome.

Luto. Desculpe-me.

Ironia. Cuidado! O risco de esquecimento da perseguição promovida contra os filhos de Israel faz do futuro a explicação em passados descansados.

Mar. Mas não é assim a compreensão histórica?

Ironia. Ave Nossa Senhora! Da maioria dos acontecimentos da história, o extraído não se pode denominar compreensão. Antes, a palavra deve se pôr aos auspícios de outra, a indignação. E este tal negócio de ensinar ao passado o que ele já sabe de si, mais parece blefe das almas isentas. Quando cortejo este tipo de acontecimento ao qual me refiro, sinto a urgência de pensá-lo mais terrível no seu futuro. Cabe fazê-lo acontecer, discursivamente, após qualquer devir, evitando a ingenuidade. Desta forma, acredito na indignação assumindo ares sacros: a memória avultando-se em imaginação penitente e o acontecido envolvendo-se na sublimidade crítica das denúncias reiniciadas.

Mar. Isto é inverter todas as premissas da história!

Ironia. Nada disso. Não é inverter, reverter, traduzir, dialogar, compreender; mas torcer.

Mar. Torcer?!

Ironia. Nos dois sentidos da palavra. Aquele no qual se sente à vontade em não mais se presenciar o visto — assisti-lo derrotado *ad aeternum*; e aquele no qual as nossas mãos sobre algo, torcendo-o, retiram toda a alma dos protestos sobre a indigna condição dos homens, e o põe a secar aos olhos da minha justiça discursiva; num varal de cordas libertas.

Luto. Quanta poesia; mas, por favor, conte-nos o acontecido em Portugal.

Mar. Faça isto, já me venceu nas suas primeiras palavras.

Ironia. Volto a contar. Após a violação, uma solenidade de desagravo no templo é feita — na presença do príncipe e da corte. Tudo de maneira a impedir futuras ofensas e garantir os devidos destaques ao fato.

Mar. Que coisa! Antes mesmo de saberem quem foi, a heresia tinha endereço assegurado.

Ironia. É. Já a populaça ignóbil manifestava-se em pasquim, exigindo punição aos traidores da fé em Cristo. Pareciam piranhas atentas a todos os bodes nos arrabaldes.

Luto. Mas ninguém sabia quem era o criminoso?

Ironia. Isto pouco importa em terra onde o feno é a asneira em Cristo. Em agosto foi ordenada a expulsão de todos aqueles penitenciados pelo Santo Ofício, desde o perdão geral de 1605. Avós, netos, pais e ainda os não nascidos: fora. Junte-se a isto o confisco de todos os seus bens, em qualquer descendência; o estorvo dos matrimônios com os cristãos de cepa; a proibição de cursar escolas e universidades.

Luto. Virgem Santíssima, milhares de pessoas punidas!

Ironia. Evidentemente. Em mente racista, gente de nação é criminosa desde o berço, não é?

Mar. Bastava, então, apenas supor nascimento em umbigo de culpa, e se teria o ladrão?

Ironia. É. Mentes sadias, amamentadas na ignorância, testemunham crime antes do tempo.

Luto. Quanta impropriedade dos portugueses!

Ironia. A palavra é de pouca valia neste caso. Vieira, sabedor do acontecido, se desespera. Todos, além Pireneus, reprovam o decreto de expulsão. Se ouvirem rir os mais santos e os mais doutos homens do mundo, os senhores saberão: Portugal é anedótico quando zela por sua fé.

Mar. É. Os homens doutos e timoratos abominam e anatematizam o modo de proceder da inquisição portuguesa, e lhe chamam não só injusta, mas bárbara, e pasmam como haja príncipe cristão que tal consinta, e vassalos que tal sofram.

Ironia. Acaba de dizer a verdade sem afetação ou paixão. Ora, sabem geralmente todas as pessoas de letras e fé e de todas as religiões portuguesas as diferenças dos estilos e da justiça no procedimento da inquisição em Roma. Ali podem manifestar e praticar o que sentem, e em Portugal não, não é?

Luto. Por favor, continue.

Ironia. Já vai! Quando a noite desce em outubro, é pego no mosteiro de Odivelas um sujeito a tentar outro roubo. Logo a inquisição mostra ter o ladrão sangue hebreu. Em novembro, está arrastado, garrotado, queimado; sem as duas mãos. E, num prazer de turba, os olhos do povo gozam às vistas.

Mar. Então, tudo cessou neste instante.

Ironia. Nada disso. Embora a lei tenha sido suspensa, em razão das dificuldades de execução e dos perigos financeiros, no final de julho de 1672 — ao sabor da ventania do crime de Odivelas —, a perseguição do Santo Ofício toma fôlego de noite longa.

Mar. Nada há, prontamente, em relação ao acontecido, não é?

Ironia. Nem menos e nem mais. Naquele verão, o Santo Ofício recolhia os mais eminentes comerciantes cristãos-novos de Lisboa ao cárcere.

Mar. Qual era o jogo?

Ironia. Estava em jogo a participação dos de sangue hebreu na criação da Companhia das Índias Orientais, defendida por Vieira desde o momento da sua saída das sombras inquisitoriais. Bastante óbvio comercialmente, não é?

Luto. É necessário capital. E capital é igual a recursos dos filhos de Israel.

Ironia. Bastava abrir os olhos; as questões financeiras do reino são despenhadeiros. Apenas os miseráveis de espírito saboreiam os problemas no precipício da fé.

Mar. Na nova investida do Santo Ofício, nenhuma segurança há. Aos cristãos-novos é forçosa a fuga de Portugal.

Luto. Segundo Vieira, os recursos dos grandes comerciantes cristãos-novos poderiam dar fim à batalha travada pela França, Holanda e Inglaterra sobre a Índia.

Mar. Melhor não posso afiançar. O Portugal de nosso amigo, tendo paz e soldados, herda os custos empenhados pelos portugueses da ventura da ousadia em velado repouso.
Ironia. Adoro-te, quando me tocas. Eis a velha fórmula de Vieira tomada por receituário jesuítico, em defesa dos cristãos-novos. Consistia na isenção do fisco e na negociação do perdão geral junto à Santa Sé. Em resumo: reformar o Santo Ofício em Portugal, introduzindo nos processos as abertas e publicadas, ou seja: nomeação das testemunhas e dos fatos examinados. Tratar das coisas sob o sol e sem guarda-chuvas.
Mar. Os cristãos-novos aceitam a iniciativa jesuítica, a cargo do padre Baltasar Garcia — que esteve com Vieira em Roma.
Luto. É, tudo ofereceram, pedindo em troca a reforma do Santo Ofício e o perdão geral — através de requerimentos a Roma.
Mar. Ao longo do ano de 1672, adentrando 73, as conversas se fazem contínuas e secretas.
Luto. Em Roma, o nosso amigo se mantém atento. Já recebera carta tão esperada de d. Pedro, solicitando seus préstimos no centro do mundo.
Ironia. Lute Portugal contra Holanda arca por arca — costumava dizer sobre a questão das Índias.
Mar. Consulta daqui, consulta de lá, pendia d. Pedro em favor dos cristãos-novos; mas o seu medo à inquisição estava, ainda, numa obesidade mórbida.
Ironia. Adoro quando me saboreia. Mas, por favor, medo da inquisição é coisa ridícula, o que pode ela contra o recurso ao sumo pontífice? Nada.
Luto. Não é bem assim. Mesmo quando já se definia a contenda em prol dos cristãos-novos, aceitando os requerimentos a Roma para reforma do Santo Ofício em Portugal e o perdão geral, soou o alarme. A voz da turba, cuja sonoridade vinha do íntimo da corte, começa a dizer: o regente cedeu aos hebreus; haverá sinagoga em Lisboa!
Mar. Daqui enxergo. A fanática turba cria a tempestade anódina. Vários folhetos são afixados nas paredes de Lisboa, demonstrando a revolta da ignóbil populaça. A porta da igreja de

São Roque dos jesuítas está abarrotada dos vômitos destes alcoólatras de tanta ignorância. Ameaçavam. Ameaçaram até o noviciado de Cotovia com o fogo!

Ironia. Talvez a pobreza de espírito possa assegurar o reino do céu aos portugueses; mas não sei se o da terra.

Luto. É, os jesuítas, xingados na rua, e o povo pedindo a volta de d. Afonso. A qualquer documento escrito em favor da gente de nação, lhe impunham a assinatura: padre Antônio Vieira da Companhia de Jesus.

Ironia. Ai meu Deus! Vieira em Roma a ver a vaga desejando tomar armas em defesa da fé. Muito vai de intolerância naquilo que se chama povo. São Tomé me livre de acreditar no romantismo dos discursos habituados a falar no valor nacional das multidões.

Mar. Porém, quando o povo se alevanta em Lisboa, nada nas cortes impede a repressão.

Ironia. Enquanto os corpos flamejam em sangue e suor, o Santo Ofício português vai laborando. Já está o mensageiro da inquisição em Roma, o frei Luís de Beja, tendo dinheiro a dar arrebatado.

Mar. Se há levante popular, posso dizer: outras tantas consultas são necessárias — basicamente às universidades.

Luto. Desejando demonstrar força e importância, o Santo Ofício celebra dois autos-de-fé, em Évora e Lisboa. Muitos dos réus, freiras. Ao mesmo tempo, apelam às Cortes.

Ironia. A estratégia é digna de homem ainda não inventado. Queimam e condenam freiras, demonstrando: mesmo nas casas religiosas se oculta a heresia. Quando a verdade impera, não há vida que não se encontre assada na fogueira de sua vaidade.

Mar. Assistindo daqui devo aceitar suas palavras. Em 20 de janeiro de 1674, as Cortes se reúnem. Os três estados rejeitam o pacto. Sem recurso a Roma e sem perdão geral.

Ironia. Lisboa converteu-se em Babilônia fervorosa. As confusões são tantas e tais que excedem toda a fé. Mal digo da representação do poeta Mendo de Fois do Senado de Lisboa, inimigo feroz dos jesuítas. Alega ser católico; não admite a coroa acima do Santo Ofício. Escreve em nome do terceiro estado as linhas mais indignas e infantis. Tão assim; caso tivesse faces, estariam ao chão. Seu estilo é o de um novato de universidade, ou de alguma freira tola. Bem, se a América faz neste instante 200 anos, não está tão longe do mundo como Portugal!

Luto. Arqueio as minhas pernas, se as tivesse, frente às suas abomináveis verdades. E digo: o perigo do retorno de d. Afonso se improvisa visível.

Mar. Já corria nos vastos cantos do mundo a vinda de três homens à fortaleza, parentes do ex-secretário de d. Afonso, Antônio Cavide, a tentar removê-lo da prisão. O intuito era levá-lo a Setúbal; beijar logo as mãos dos Mendonças em Évora. E, após a conquista do Alentejo, se daria o passo decisivo a Lisboa, ajudados pelo "Castelo Imperial do Rossio" — tendo de armas o ódio, a inveja e a ambição.

Ironia. Bastaria acontecer; a armada de Castela, posta em Cádis, levaria um dia a entrar em Setúbal.

Luto. No fim destas suposições, só o fato: a Corte se dissolve por decreto de d. Pedro.

Ironia. Grande coisa; a oposição do regente aos interesses da gente de nação é completamente vista no céu.

Mar. Nesses andamentos da vida produzida em aragens de fora, o nosso jesuíta, em Roma, encontra-se obrigado, pelo geral João Paulo Oliva, a aprender a língua italiana; de maneira a pregar diante dos cardeais e nobres romanos.

Ironia. Pobre Vieira. Sabe a língua do Maranhão, sabe a portuguesa, e a grande desgraça é não poder servir, com nenhuma delas, à pátria. E ainda mais, ter na idade das cãs de estudar uma língua estrangeira para servir sem fruto os gostos estrangeiros.

Luto. Em 1672 prega, pela primeira vez, em italiano na festa de São Francisco de Assis. Sobe ao púlpito outras tantas vezes. Sua fama se espalha; e no carnaval de 1673, na presença de 15 cardeais, na Igreja de São Lourenço, em Damaso, crava.

Mar. Já era falta de apuro não ouvi-lo.

Luto. No volume da fama, a rainha Cristina da Suécia o quer. E o geral Oliva o pretende como seu substituto nos púlpitos e assistente de Portugal em Roma.

Ironia. Quanta satisfação nas vaidades perdidas, não é?

Luto. Nem por menos; a vida faz seu preço.

Ironia. É; a razão puxa os próprios cabelos.

Mar. Hei! No dia 21 de março prega Vieira no sarau religioso da rainha Cristina. A nobre erudita o clama a aceitar o convite: ser pregador de sua corte.

Luto. No imediato dos ventos soprados por Lisboa, aceita o convite; compensa-se, destarte, todas as ofensas pretéritas e as por vir.

Ironia. Não é bem assim. A partir do momento em que fizeram de Vieira italiano, vive sem volição em Itália. Roma é uma galé insuportável. Quanto à corte de Cristina, creio na mistura entre as repugnâncias e a obediência. Por um lado não deseja beijar a mão da majestade; de outro, deve ceder à ordem do geral Oliva. Mesmo estando no lugar onde o melhor da cidade eterna se cumpre, os seus anos e a sua pouca vontade de estar ali só o permitem declarar: Deus me ajude nisto e no demais!

Mar. Independentemente, ser caso de vaidade ou de pura irritação do orgulho, o sermão de Santo Antônio em 1672, não pregado por estar doente, dimensiona o estado de espírito de Vieira.

Ironia. Declino em sua honra.

Mar. Fico emocionado.

Ironia. A terra mais ocidental de todas é a Lusitânia. E por que se chama Ocidente aquela parte do mundo? Porventura, porque vivem ali menos, ou morrem mais os homens? Não; senão porque ali vão morrer, ali acabam, ali se sepultam, e se escondem todas as luzes do firmamento. Sai no Oriente o sol com o dia coroado de raios, como rei, fonte de luz; saem a lua e as estrelas com a noite, como tochas acesas e cintilantes contra a escuridade das trevas; sobem por sua ordem ao zênite, dão volta ao globo do mundo resplandecendo sempre e alumiando terras e mares. Mas, em chegando aos horizontes da Lusitânia, ali se afogam os raios, ali se sepultam os resplendores, ali desaparece e perece toda aquela pompa de luzes. Se isto se sucede aos lumes celestes e imortais, o que se lastima é: ler os mesmos exemplos nas histórias portuguesas.

O que foi Afonso de Albuquerque no Oriente? O que foi um Duarte Pacheco? O que foi um d. João de Castro? O que foi um Nuno da Cunha, e tantos outros heróis famosos, senão astros e planetas luzentes, que assim como alumiaram com estupendo resplendor aquele glorioso século, assim escureceram todos os passados. Cada um era na gravidade do aspecto um Saturno; no valor militar, um Marte; na prudência e diligência, um Mercúrio; na altivez e magnanimidade, um Júpiter — propagando e estendendo, entre aquelas vastíssimas gentilidades, o sol. Mas, depois de voarem nas asas da fama todo o mundo, onde foram parar quando chegaram na Lusitânia? Um se verá privado com a infâmia do governo; outro, preso e morto em hospital; outro, retirado e mudo em um deserto; e o melhor, livre de todos; por se mandar sepultar nas ondas do oceano, encomendando aos ventos que levem à pátria as últimas vozes: *ingrata pátria, não possuirá meus ossos* — Ufa!

Luto. Linda denúncia. Eis os amores soturnos da pátria.

Ironia. Tem Vieira razões de sobra. É da natureza da Lusitânia não consentir que luzam os que nascem nela. Antes ficam fantasmas, após darem aos portugueses combustível futuro.

Mar. Posso dizer: queixar da pátria é o libelo mais indigno dos Descobrimentos. Vieira, portanto, precisa se agarrar à amorosa vingança, como se fosse a madeira que salva o náufrago. E neste covil dos sentimentos conflituosos, recorre a Bandarra.

Luto. Só esta profecia é capaz de inverter a maré da história. Vieira sempre desejou um livro onde fosse exposta a premissa maior do V Império. Ou seja: aquele é o filho primogênito, esperado e desejado, dos Descobrimentos; que, ao se igualar a este, o supera em ventura e ousadia. Se os navegadores portugueses revelaram ao mundo o que ele era, o nosso amigo quer descobrir para os portugueses o que hão de ser. Em nada é segundo e menor este seu desejado descobrimento, senão maior em tudo: cabo, esperança e império.

Mar. Nada mais favorável à alma atenta de Vieira. Jamais sabendo ser o Santo Ofício, com o seu segredo inquisitorial, com os seus confessionários e as suas imunidades, no pretexto de religião, aquilo ao qual se deve mais temer; e se teme, digo, em Portugal. Não esqueçam, a inquisição foi noite prolongada após a aventura náutica dos filhos de Ulisses.

Ironia. Esse é o grande perigo; o tempo descobrirá mais.

Luto. A preocupação de nosso jesuíta é fazer valer a coroação de d. Pedro — mesmo tendo o fantasma de d. Afonso vivo. Isto porque, coroado, há de se cumprir o rei novo e acordado das profecias de Bandarra.

Ironia. Junte-se a isto as evidências do milagre acontecido em terras dos condes da Feira; perto do convento de Grijó. Numa certa manhã, alguns camponeses viram, cravadas no chão vermelho, adagas negras. Acode gente por todos o lados; as cruzes desapareceram. Todos se entreolharam, eis que uma mão invisível traça na terra o desenho misterioso. Não tardam os homens a tomar o terreno e diluí-lo em água. As curas feitas foram de espanto. E Vieira, em Roma, já vê no episódio grandes coisas a esperar ou temer.

Mar. Se em Lisboa estão as suas preocupações e anseios proféticos, em Roma estão as suas obrigações. Em abril de 1674 estréia na corte da rainha Cristina da Suécia. Seu primeiro sermão é aquele a iniciar o das *Cinco pedras de Davi*. O mais comovente, contudo, é o das *Lágrimas de Heráclito contra o riso de Demócrito*, composto para disputa com o padre Cataneo, também da Companhia de Jesus.

Luto. Permita-me decliná-lo.

Mar. Tens a minha atenção.

Luto. O que é este mundo senão um mapa universal de misérias, de trabalhos, de perigos, de desgraças, de mortes? E a vista de um teatro imenso, tão trágico, tão funesto, tão lamentável, onde cada reino, cada cidade e cada casa continuamente mudam de cena; onde cada sol que nasce é um cometa, cada dia que passa um estrago, cada hora e cada instante mil infortúnios: que homem haverá (se acaso é homem) que não chore?

Ironia. Se não chora, mostra que não é racional; e se ri, mostra que também são risíveis as feras. Até porque os homens esquecem que estar vivo é ser pó levantado; e quando mortos, pó caído. Os vivos, pó que anda. Os mortos, pó que jaz. Olhem senhores, estão as praças dos homens, no verão, cobertas de pó. Dá um pé de vento, levanta-se o pó no ar. E o que acontece? O pó está vivo; muito vivo. Não se aquieta, nem pode estar quedo. Anda, corre, voa; entra por uma rua, sai por aquela; já vai adiante, já torna atrás. Tudo enche, tudo cobre, tudo envolve, tudo perturba, tudo toma, tudo cega, tudo penetra; em tudo e por tudo se mete, sem aquietar, nem sossegar um momento. Acalma o vento. Cai o pó. Onde o vento parou, ali fica: dentro de casa, na rua, em cima de um telhado, no mar, no rio, no monte, na campanha. Não é assim? Deu o vento, eis o pó levantado. Parou o vento, eis o pó caído. Os vivos, pó. Os mortos, pó. Os vivos, pó levantado; os mortos, pó caído. Os vivos, pó com vento e por isso vãos. Os mortos, pó sem vento, e por isso sem vaidade. Esta é a distinção, e não há outra.

Mar. Percebo o lamento; mas o sucesso estronda e lhe cobre a tristeza.

Ironia. Quando o sucesso se esparrama, o bueiro o aguarda.

Luto. Nesta imagem da senhora, muito dos acontecimentos se traduz. Em Lisboa a comitiva do Santo Ofício está preparada.

Mar. Não só eles se preparam, as súplicas dos deputados das cidades e vilas são recheadas do mais puro néctar de ódio e de intolerância.

Ironia. Assim, eu me apaixono.

Mar. Largue de falsete.

Ironia. Tá vendo, estou avisando.

Mar. Pare (risos). Tudo na pátria do nosso jesuíta o escandalizava.

Ironia. No que cabe de escândalo, o príncipe patrocina. Em maio de 1674, a voz de Gaspar de Abreu, residente em Roma, dizia ter ouvido dos próximos do papa que não haveria perdão geral e nem modificação dos procedimentos inquisitoriais. Vieira se desespera; se há fundamento naquilo, no dizer de Gaspar de Abreu, é porque quem o designa o faz dizendo não fazer. Dois pontos: o regente é o agente.

Luto. A inquisição está mais forte e mais vitoriosa e, o príncipe, inchado de medo.

Ironia. É melhor em Portugal ser inquisidor do que rei, não é?

Mar. Devo aceitar o veneno. Os defensores do Santo Ofício têm a maldade nas veias. Nem a apoplexia sofrida pelo marquês de Minas e por d. Rodrigo Meneses, amigos de Vieira, era perdoada. Diziam os alcoólatras das divinas ignorâncias: é por terem defendido os judeus; castigo de Deus!

Ironia. Apaixonei-me... É, naquela terrinha, as mais novas são as mortes. Horrendas são as coisas imaginadas pelos amigos da inquisição; porém, as piores, são as inferidas.

Luto. Mesmo assim, os defensores dos cristãos-novos não cansam. Procuram em Roma garantir conjunturas para o perdão geral.

Mar. Façamos justiça. Os cristãos descendentes de sangue hebreu não pedem e nem pretendem perdão geral, porque o perdão é o remédio para os culpados, e eles querem só o remédio para os inocentes.

Ironia. Lindinho. É, nas causas e razões dos católicos, em considerarem alguns atos graves erros contra a fé, não se pode ter juízes, bispos e inquisidores portugueses. Isto porque em Portugal todos têm boca fechada nos mil temores à inquisição. Seus homens não dão ouvidos a nenhum requerimento ou proposta. Fecham-se na sua soberania e prepotência; sem admitirem razão — nem de cristãos-velhos e nem de cristãos-novos. Moral da história: é melhor ser inquisidor do que ser rei em Portugal!

Luto. Vieira, também, vê uma dose perigosa de aproximação entre a inquisição portuguesa e os interesses de Castela.

Mar. Sem muitas dúvidas, isto é tal e qual ao nascer do sol. Não só Castela, mas França.

Ironia. Há, posso propagar, na natureza das aves de rapina, o vôo alto e despretensioso antes do ataque. Ou Castela e França procuram o seu proveito com o dano de Portugal ou não. Dizer não ou sim é loucura, mas procurar o mesmo que os inimigos procuram é o delírio mais que perfeito achado unicamente na política portuguesa.

Luto. Muito bem dito. Devo lembrar: estas idéias chegam a Portugal; ecoam: são do padre Antônio Vieira.

Mar. Não poderiam dar nome a outro. Alguns religiosos de alta patente, jesuítas em sua maioria, davam a conhecer a repugnância sentida pelos autos-de-fé — aqueles onde foram queimadas as freiras.

Luto. Em Roma, o acontecimento provocou no cardeal Altieri, regente dos negócios da Santa Sé, em razão da invalidez de Clemente X, a suspensão dos autos-de-fé em Portugal (três de outubro de 1674).

Mar. Isto resulta da batalha dos jesuítas junto à corte papal — quanto mais Antônio Vieira.
Ironia. Bem, se as coisas são assim, tende o príncipe d. Pedro aos cristãos-novos como se fosse uma vara de bambu. Ora curva-se aqui; ora ali se deita e, quando se ergue, estala ameaçadoramente contra eles.
Mar. Isto é humano, minha querida. Se, por um acaso, alguém perguntar ao homem o que ele é e o que ele pensa sobre os problemas do mundo, ele vai dizer que é e pensa infinitas coisas — mesmo não sendo coisa nenhuma e nem pensando qualquer coisa de especial. Nesta matéria de quem você é e o que pensa, todo homem mente duas vezes. Uma vez mente-se a si, e, outra vez, mente aos outros. Mente-se a si, porque sempre cuida mais do que é e pensa menos do que fala. Mente aos outros, porque diz mais do que é e diz pensar mais do que pensa.
Ironia. Pulcrinho.
Luto. Ora, o príncipe se sente ultrajado em razão da decisão do cardeal Altieri.
Mar. Bá! Casto medo. Não faltam cartas dos cardeais a Roma, contrárias aos breves papais. Embora houve-se a todos respondido, inclusive à carta do príncipe aos religiosos portugueses em Roma, o cardeal Altieri manteve as suspensões das execuções capitais.
Luto. Estava marcado um auto-de-fé em Coimbra no dia 18 de novembro. E assim, nesse vai-não-vai, foram penitenciadas 120 pessoas; 10 ardidas em imagens.
Mar. Fizeram isto porque a populaça ignóbil ameaçava se revoltar caso não ocorresse.
Ironia. Santa Clara me proteja do prazer encontrado nas vistas da obtusa verdade.
Mar. Eram dias propícios aos pregadores fanáticos.
Ironia. Não são apenas os olhos receptores do prazer dos sofrimentos impostos a quem, de alguma maneira, se diferencia; os ouvidos são os tambores do ódio.
Luto. Falaste preciosamente. Jamais sabendo que, em Portugal, o frei Antônio Chagas louva a Cristo, desejando os hebreus na fogueira.
Ironia. Este homem é um poeta vulgar. Há três anos começou a pregar. No púlpito: mostra uma caveira, toca uma cam-

painha, se bate, grita, esperneia, levando a opinião de santo em toda Lisboa. Prega, principalmente, na igreja do hospital. Concorrem a ouvi-lo fidalgos e senhoras em grande número. Numa dessas pregações, lançou sobre a platéia um crucifixo; gritaria geral. Tem a todos pelo coração, podendo-os mover quando bem quiser. O perigo é: coloca-se contrário às petições dos cristãos-novos, podendo provocar algum alvoroço como aquele do tempo de d. Manuel. E se prega próximo ao lugar de tão horrível memória, sua extravagância promete mais desgraças do que felicidades.

Mar. A história sempre se autocopia; repete o ontem na farsa do hoje.

Ironia. Não me queira mal. Mas a história pouco se repete em farsa; antes, abusa do direito de fazer retornar a simples contingência da mediocridade. E enquanto o tempo arrasta sua velha capa, esta senhora nos lembra da maior das evidências humanas: para o que é bom, um dia é muito e o que é perverso nem em séculos cabe. Tenho dito! Chega.

***

Ambos levantam. Sozinha, a Ironia olha-se no espelho.

Ironia. Tenho a minha veste desarrumada. Foi Vieira a expressão desta luz, a guiar a frágil barquinha de Portugal. Não insisto; vejo-o menino. Em certo dia, em Lisboa, um homem se aproxima. Dirige-se ao pequeno, pergunta: de quem é, meu menino? A reposta: sou teu, pois me chama seu. Noutro dia, alguém se achega e indaga: de onde você é, meu menino? A resposta vem pergunta: você não me conhece? Eu conheço a metade do mundo — diz aquele. E Vieira replica: eu sou da outra metade.

Há nessa infância o meu segredo. Em cada resposta do guri, a história se lambuza. Isto porque, nos dois lados do Atlântico, ela se declara baralhada. De um lado, se vê como nunca foi — jantando prato nacional, cozido longe; do outro, se vê numa mera promessa em noite regada a cachaça; enquanto desfila um inocente morto.

Prelúdio da Manhã

Os ares pátrios, a quem está fora, sugerem a essência dos motivos. Nem a condição de se estar de alguma forma exilado comprime os sentimentos. Se estiver magoado, o sol do nascimento o aquece de lembranças e forja vontades no que se deve ainda fazer.

Certa aragem solar engrossa os pulmões de notícias, e aquele da distância baila os desejos na escrita a ser enviada — quiçá hoje, tomara amanhã. Mesmo quando as informações não são propícias, nem a dúvida fica sem receber o derretimento de sua importância. Antes o sol invernal da casa do que a primavera forasteira.

Antônio Vieira prefere-se assim. Precisa esquecer Portugal, de forma a retornar. Espera ser chamado, mas a prevenção o assalta. Não mais sabe de quem é; súdito de um vivo ou apaixonado pelos mortos. Espera da escrita que no real seu príncipe seja coroado. E que, naquela manhã, todo o manto da história pátria o encubra, elegendo-o.

Se acontecer, e se a escrita lhe impuser a crença na fortuna, quem sabe se a sua alma não escolhe a derradeira tarefa de dizer sim. Enquanto isto se mantém, é importante assumir o escape do perdão. Qualquer coisa que incida, prontamente, deve adquirir a absolvição do futuro. Isto porque o melhor sim ao pretérito é aquele feito ao dizer a Portugal: bem creio no seu passado, bem creio na força de seu futuro; mas assaz creio que, para ser, há de se superar vestindo a veste do que não foi, para que seja.

Mar. Abre-se o ano de 1675, tendo as cortinas sujas da mais pura essência do mau gosto.

Ironia. Não sabia ser o senhor alguém envolvido nas brincadeiras da imaginação positiva, de matriz romântica.

Mar. Posso admitir: falar em fatos e datas é fazer a história revelar o pecado original: *sou filha do cruzamento descuidado entre a divindade da linguagem e a ingênua crença no domínio do tempo.*

Ironia. Esqueceu de dizer: *nasci em tonel de vinho, exposto a muito calor.*

Luto. Quietos! Voltemos ao interessante; neste destacado porre de conversa. Espero que vocês (desculpem o coloquial) não deixem de ver: todo o dito, até aqui, não foge daquilo que censuram.

Ironia. Está corretíssima. Temos sempre de ceder ao traçado quando tentamos pôr o tempo em linha de trem.

Mar. Isto acontece porque a história é o literal da minha vastidão; estando o narrador seguro numa confortável enseada.

Ironia. Lindinho, lindinho; assim, eu pulo daqui a seu colo — caso tivesse.

Luto. Por favor. Já não param; continuo. Chegam no início desse ano os bispos e os delegados da inquisição a Roma. Todos os eclesiásticos portugueses foram saudá-los. Até Vieira foi ter com eles.

Mar. A ordem do geral da companhia era: jesuítas não se metam na batalha.

Ironia. Bem, se todos os jesuítas receberam esta ordem, nos ouvidos de Vieira, soou o inverso. É o mais legítimo e destacado inimigo da inquisição. E há muito produzia barulho à mesa portuguesa. Junte-se a isto o valor dos jesuítas na contenda entre o príncipe d. Pedro e a suspensão dos autos-de-fé, proclamada pelo cardeal Altieri. Por isto, d. Pedro lhe envia ordem de regresso a Portugal. Algumas línguas sopram as escutas reais: estando o jesuíta em Roma, não há acordo que não receba um nó daquelas famosas mãos.

Mar. Entre o orgulho e a dúvida permanece. A refrega contra a inquisição estava ao sabor do terreno de sua fama e, ao mesmo tempo, recebia ordens da sua alteza: *retorne.*

Luto. Em fevereiro, a sua doença lhe adia o dilema — obedecer ao príncipe e correr o risco de sucumbir na humilhação ou ficar e perder o restante de estima, legitimada na pátria.

Mar. Hesita; e não é para menos. O breve papal tarda.

Luto. É necessário conseguir o breve. Retirar da sua cabeça as garras do Santo Ofício de Portugal. Pô-la apenas na bandeja do Tribunal romano.

Ironia. Ir à terrinha sem o breve de proteção papal é viver a cena de São João Batista. Se o chamado real é tudo o que se antes queria, agora, vai ao mais temeroso degredo. Se todos em Roma querem sua presença, vai sendo ingrato no risco de sofrer ingratidões; vai deixando muitos príncipes que o amam; indo a servir a um de cujo amor duvida.

Luto. Em 22 de maio saiu enfim de Roma; antes, em 17 de abril, recebe o breve. Está apenas sujeito à Congregação do Santo Ofício da cidade eterna.

Mar. Vencedor e derrotado. Isto é: as garras da inquisição portuguesa foram supridas; o apoio de d. Pedro ao Santo Ofício, clareado.

Luto. Discordo. Tem razão na adesão do príncipe à causa dos delegados da santa ignorância; mas isto não significa Vieira abatido. Acreditava na capacidade de persuasão. Estando em Lisboa, talvez fosse capaz de convencer sua alteza em favor dos cristãos-novos.

Mar. Precisa de caminho rápido. Mas, deve evitar Castela — a inquisição madrilena o deseja. Através da França é melhor. Determinado, nem aceita o convite da rainha d. Catarina da Inglaterra; ir a Londres. Quer chegar. Surge no dia 23 de agosto; beija a mão do regente. Percebe os olhos reais pousados no conde de Vila Maior; apenas relances aos seus. Nas frias vistas da alteza, seus óculos (tem 66 anos) refletem a doença da pátria — hostilidades aos hebreus e desconfiança perpétua aos amigos da esperança.

Luto. Está fadado a não conseguir o retorno da influência nos negócios públicos. Permanece um mês aguardando a chamada do regente. Fica fora das discussões sobre o bispado do Maranhão.

Mar. Corre ao vento em Lisboa: todas as noites, às escondidas, saía Vieira a planejar com os hebreus. Ou, então, a falar com os castelhanos.

Luto. Imaginem a escuta de d. Pedro.

Ironia. Numa atmosfera dessas, se Vieira é traidor, pensem nos fiéis.

Mar. Vieira não descansa. Anima-se, acreditando na possibilidade de persuadir o regente. Tem duas estadas perante o regente; resultados, nenhum.

Ironia. Entre amores e mais amores, sem fruto.

Luto. Se na corte os ecos são famintos, no noviciado jesuíta todos querem saber da permanência em Roma e de seus conceitos terríveis. Foi até convidado a pregar pelo arcebispo de Lisboa!

Ironia. Recusa. Apela à velhice e à falta de dentes. Nenhum prazer tem em falar novamente em Lisboa. Todo desejo é sentença; por fim, estilo consagrado, armadilha pronta. Entre o alçapão e o brocado, a vontade anseia a si, silenciosamente.

Luto. Desta vez a senhora se ultrapassou. Nada retive de sua fala. Contudo, continuo. O assunto dos cristãos-novos urge. D. Luís de Souza já partiu a Roma; leva consigo instruções de bloqueio ao pedido de perdão geral e mudanças dos procedimentos inquisitoriais — em favor dos hebreus.

Ironia. Imane príncipe; dos seus válidos, dois fazem o que bem querem: d. Francisco Correia de Lacerda e o conde de Vila Maior. A gordura medrosa do regente é a hóstia do Santo Ofício.

Mar. A senhora ferra em demasia. Vieira acredita ainda nas possibilidades. Fia-se na estratégia de convencer o regente a promulgar outro embaixador, argumentando as muitas tarefas de um só secretário de estado. Queria o cargo para d. Duarte Ribeiro de Macedo — grande amigo. Numa manobra simpática, o príncipe admite outros interesses que contam com d. Duarte. Foi-se a artimanha do nosso jesuíta.

Luto. Ele ousa a propor em razão dos ajustes feitos em Florença. É procurador dos Medicis no futuro casamento entre o príncipe de Toscana de 11 anos e a princesa portuguesa de seis.

Na conferência de outubro expôs a idéia do matrimônio ao regente.

Mar. Na mente de Vieira, a junção entre o porto de Lisboa e o de Liorne provocaria o casamento entre a terra e eu.

Ironia. Seu mediterrâneo ganharia vastidão e o Atlântico, conforto; e a terra da Europa sentiria o mundo no estômago.

Luto. Porém, alguns problemas políticos comprometem o futuro casamento. O primeiro é ter o grão-duque de Toscana outros varões, provocando a possibilidade de reclame da herança. A segunda seria proveniente dos vassalos de Toscana; estariam dispostos a ser súditos de príncipe particular?

Mar. Existe, contudo, motivo maior. Estão a França e a Espanha disponíveis para receber na face as pretensões e a interferência dos Medicis e da coroa portuguesa?

Luto. Nem assim Vieira se demite. A partir do pedido do regente, põe em relatório a idéia. Se ela não é possível, tome a casa de Baviera. Ao mesmo tempo, combate o casamento da infanta Isabel com o primogênito filho da irmã da rainha — casa de Sabóia. Esta o detesta, e não mais faz: açula o marido contra o nosso jesuíta. Junte a isto as notícias corridas em Lisboa do seu trato cortês aos espanhóis. Diziam muito sobre as conversas de Vieira com o embaixador de Espanha, cujo negócio era o casamento de Carlos II e a princesinha.

Mar. Nada melhor; a incorporação pacífica de Portugal à Espanha nunca se ausenta. E assim vai, mais uma vez doente, a se retirar para Carcavelos — na quinta da Companhia de Jesus.

Ironia. *Como si; como no* — decorre 1676. Se sempre desejou garantir e ampliar a pátria, agora está exilado em casa. Quase ninguém pede a sua presença; poucos são aqueles das saudades. Começa a viver os privilégios de morto.

Luto. Respira ainda. No caso da nomeação do confessor real, Manuel Fernandes, para a Junta dos Três Estados, rebela-se. O direito é seu; portanto, reclama ao geral da companhia.

Mar. Como deixar passar aquele que o substituiu no coração do príncipe? Na sua solidão e desterro em Carcavelos, sente a afronta do regente. Embora o melhor fosse ir, fugir ao longe, pede e propõe a Roma, em fúria, o cumprimento dos procedimentos constitucionais da companhia: impedir a nomeação de preceito eclesiástico em corpo político. Quer evitar a monstruosidade institucional.

Ironia. Quando a dor da traição é regida por clarins audíveis a quilômetros, o cisne pronuncia o seu último canto.

Luto. Exagero. Fazem a sua vontade em Roma. O geral solicita a renúncia de Manuel Fernandes.

Ironia. Bem sei; mas, os goles de desgosto depositam espaços nos pulmões. Se o príncipe exigia ter consigo o primeiro tomo dos sermões, antes de qualquer algazarra, sofria a demora do parecer do Santo Ofício. Talvez os inquisidores o encontrem na sepultura.

Mar. Ambiente hostil.

Luto. Nem tanto. Enfim entregam. Pelas mãos do regente o recebe — em licenças e incentivos aos outros.

Mar. Sua falta de sensibilidade é imperdoável. Entrega sem reparar em uma só letra. E mais, quando em dezembro de 1678 o tomo vai à prensa, é a sua alma, repleta de reminiscências, que está prensada. Em cada palavra, uma boa dose de saudades do passado ativo. Junte-se a isto a recusa feita pelos "juízes" do palácio ao epitáfio encomendado por d. Pedro para o túmulo de d. João IV.

Ironia. Vingança do confessor Manuel Fernandes e sorriso da rainha.

Luto. Desculpe-me.

Ironia. Entregam a Vieira o tomo e a recusa, em dia no qual o Tejo lança, da foz ao paço, um nevoeiro denso, enquanto as colinas da cidade suspiram o sol.

Mar. É do rio esta mágica druida.

Ironia. Portugal lembra-lhe pouco; antes assistia algo da voz de Camões; agora, só as velas da teimosa profética.

Mar. É. Por exemplo, em Carcavelos, contemplando a mim, não vê sair e nem entrar barcos. Quando algum passa, bandeira estrangeira.

Ironia. Nada a temer, pois no lugar das naus das Índias estão, na foz do Tejo, muitos barcos de pesca.

Luto. Nas certezas da vida, Carcavelos ainda é muito perto de Lisboa. Por conseguinte, no futuro o seu desgosto e sua dor ciática o fazem mudar a Caldas — junho de 1679. Quando

for, a voz inimiga dirá: lá se vai a correr a Caldas o padre Vieira; receia o estouro das ordens de Roma.
Ironia. Se isto acontecer, os cascos da boiada lhe escolhem a cabeça.
Mar. Por gostar dele, sempre lhe dou, esteja onde esteja, o odor salgado dos meus percursos. E quando Vieira sente a fragrância, ganha conforto profético.
Ironia. Sua bondade é como certos amores: chispa promessas navegando borrascas.
Mar. Creio que todos os amores assim são.
Ironia. Inebriado pelo senhor, Vieira quis sempre prestar o maior serviço que pode fazer um vassalo ao seu rei: revelar-lhe os futuros. Bem, e se não há entre os vivos quem faça as revelações, é melhor buscá-los entre os sepultados; e se achará mares.
Mar. Bem sei que Saul encontra a Samuel morto e Baltazar, a Daniel vivo; um mata os profetas, o outro premia as profecias.
Ironia. E como Vieira vive o privilégio de morto, pode admitir que a candeia profética já está acesa e muito clara; contudo, a casa — Portugal — ainda não está varrida. Pretende limpar o reino, tirando os estorvos e impedimentos à luz. Assim, se verá nos olhos o que há nela; encontrará o que se busca. Ele acredita descobrir hoje mais, porque olha de mais alto; e que distingue melhor, porque vê mais perto. Olha mais alto, porque vê sobre os passados. Vê de mais perto, porque está mais próximo dos futuros. Acha os impedimentos tirados, porque todos que cavaram o solo desse tesouro e varreram a casa retiraram os impedimentos à vista. Tudo isto por benefício do tempo, ou, para o dizer melhor, por providência do senhor dos tempos — Portugal ou Cristo.
Luto. Sacrilégio! Ousa comparar Cristo a Portugal?
Ironia. Ora, a comparação tem alguma razão de existência. Se Cristo funda um reino para si, como não confundir o que é seu consigo? Até porque não há obra de Deus depois do princípio e criação do mundo que mais assombre e faça pasmar aos homens do que o descobrimento do mesmo mundo. Tantos mil anos incógnito e ignorado. Nem maior e nem mais justo temor causa aos que ponderam sobre esta obra portuguesa.

Luto. Ocultos são os juízos de Deus.

Ironia. Eu sei; mas permitir durante tantos séculos grande parte do mundo encoberto, onde tantas gentes e tantas almas viviam nas trevas da infidelidade, sem amanhecerem as luzes da fé de Cristo — como acreditam os homens —, reservando o seu desvelar aos olhos da experiência portuguesa, diz mais do que pode e afirma mais do que é. Se antes é tão breve a noite para os corpos e tão comprida noite para as almas, neste tempo lusitano, mais cumprido é o crepúsculo dos vultos, e, *by-pass*, a escuridão das almas.

Mar. Talvez a senhora tenha descoberto a chave da mente do nosso jesuíta. Talvez sua mente confunda Cristo e o reino, o sangue divino e a pátria, o pão sagrado e a colônia. Talvez Bandarra seja sua hóstia profana.

Luto. Os senhores perderam o juízo!

Ironia. De juízes nem a toga; muito menos o direito. Quando a dor da velhice se encarrega de namorar a vingança, a mente faz sexo com a morte, na esperança de procriar um suspiro de tempo.

Mar. Exagera. Vou retirar, contudo, algo do dito, e, nele, continuar. De Paris, d. Duarte Ribeiro de Macedo manda a Vieira os versos de Nostradamus.

Ironia. O sabor dos versos é apreciável. Ali está a destruição dos turcos e a idade de ouro. O que lhe falta é o conhecimento da história da pátria portuguesa, apimentada com a profecia de S. frei Gil de Santarém. Falando em Santarém, no convento de S. Domingos, o fogo saboreia um tronco de loureiro; marca com alguns sinais a superfície encarvoada. Lá está cicatrizado um *coração*, a letra M, a N, a H e um I interno a um D — dispostas na vertical.

Mar. Conheço o caso. Vieira, contra todas as interpretações, lê: M de **mors**, H com N, **non habet** e I interno em D, **Dominum Ioanem**. Rapidamente, *morto não é d. João*.

Ironia. Seu coração recita Bandarra: *o rei novo é levantado; o rei novo é acordado; já o leão é desperto, muito alerto; já acordou, anda a caminho; tirará cedo do ninho o porco, e é muito certo.* Isto porque: por 32 anos e meio haverá sinais na terra; a escritura não erra, aqui se faz o conto cheio, sendo três a arreio; demonstra a conta o grande perigo, havendo açoite e castigo em gente não nomeada. Logo, na conta de Vieira, 1678.

Luto. Caso haja algum sarcasmo em seu recital, isto nada me espanta. Na mente mística de nosso jesuíta os acontecimentos dos turcos preparando uma armada, a perseguição a d. Catarina na Inglaterra e os avisos da populaça de que cada inglês em Portugal não sobreviverá, caso matem a rainha, apontam para o desenlace das esperanças. Não só Vieira interpreta assim.

Ironia. Meu caro senhor; sei disso. Contudo, o importante é o passar das idéias na mente do nosso amigo. Há, nos passatempos místicos, a dureza dos tempos.

Mar. Quanto a mim, mesmo que eu queira namorar a vida de Vieira — vendo-a através da minha afeição — a atmosfera é mais hostil aos seus propósitos. Dou um exemplo: quando o nosso amigo vem de Caldas a Lisboa, encontra dias festivos. O casamento da princesinha Isabel e o filho primogênito da Casa de Sabóia está arranjado. Era dia 10 de setembro de 1679; foi Vieira cumprimentar d. Pedro — lhe torce o rosto e os olhos.

Ironia. A face do regente fica medonha, não é? Ora, Vieira calha em Lisboa profético. Na procissão arranjada, de forma a comemorar o futuro matrimônio, São Jorge cai do cavalo. Piores presságios não há. Se o bom santo cavaleiro entra no Rossio e escolhe o chão, bem podem os olhos do jesuíta, desejosos de outro futuro, ter pedido um benefício ao santo.

Luto. Suas brincadeiras são irritantes.

Ironia. Nem tanto. Há de se brincar um pouco frente a tão terrível situação. Resta quase nada de prestígio ao nosso amigo. Tirando sua participação no Conselho de Estado e Ultramarino, em janeiro de 1678 (sobre o Maranhão), e a sua vitória em favor das mercês ao irmão Bernardo Ravasco (herança do ofício de escrivão da Bahia, dote da irmã Catarina falecida), a verdade, esta poderosa coisa do mundo, ao qual seguiu e teve por certa muitos anos, lhe fez nascer e crescer as cãs em todas as partes da Europa. Depois de passar ao Mundo Novo, vendo de mais longe o Velho, acaba, por experiência, descobrindo que muitas vezes é mais poderosa a mentira do que a verdade. Claro que isto não se pode dizer sem escândalo da razão e horror da mesma natureza humana; mas não se pode negar.

Mar. É. Mesmo a questão entre o novo papa, Inocêncio XI, e o reino — quanto à obrigação da remessa dos processos do Santo Ofício a Roma, de maneira a averiguar os procedimentos das testemunhas — na correspondente ameaça de levante popular com a proibição da inquisição em Portugal, feita por breve papal; e, por fim, a reunião dos Três Estados, confirmando o interesse da pátria em ver restituídos os direitos inquisitoriais, mostram bem o que é Portugal. Antônio Vieira se desilude completamente.

Luto. Se a velhice é à hora da vida e da morte — horizonte onde se juntam a terra e o céu, o tempo e a eternidade —, qual resolução pode haver mais bem aconselhada e mais digna da madureza das cãs, do que dedicar à contemplação da mesma eternidade aqueles poucos dias incertos, em que pode durar a vida.

Ironia. Melhor não há. Quanto mais naquele espaço onde os vizinhos estão a quilômetros de distância e o futuro é chão ainda sem nenhum excesso de passos.

Mar. Nem o convite de Cristina da Suécia, para ser seu confessor, solicita em Vieira quereres romanos — janeiro de 1679. Nem o convite a propósito da casa de S. Roque o faz deitar-se no orgulho institucional. Sua idade passa dos 70. A vista esquerda perdida; a direita, em vias. Audição sem possibilidade de confessionário. Memória escassa; perna travada; e não sabe dizer: ir ao Maranhão ou Bahia?

Ironia. É, e ainda houve: Antônio Vieira campeão dos cristãos-novos, conjurado Judas.

Luto. Herda lástimas — seja pela indiferença de d. Pedro, seja pelas doenças, seja pelo terrível estado do reino.

Mar. Naquela friagem, quando a chuva se faz de íntima aos ossos, Vieira se despede do regente. A repulsa real lhe tira um bom bocado de orgulho. Ao sair, sobre as pedras do paço, sabe que no horizonte estou. Parte a 27 de janeiro de 1681.

Luto. Teve que agüentar mais um inverno, antes de ir. Quando vai, consigo apenas o fiel padre José Soares — que desde Coimbra não o larga. Descendo o Tejo, sua escassa vista pede à memória um tanto de imagens.

Mar. A cada espaço de mim, maior são as lembranças. Lisboa se precipita em qualquer horizonte. No nada maior do meu meio, tudo facilita que a cidade da promessa regresse aos olhos afixados. Em cada onda, um instante. Em cada vento, um futuro se foi e virá.

Ironia. Lindinho. Vieira navega sobre um pensamento: este mundo é um teatro; os homens, as figuras que nele representam e, a história verdadeira de seus sucessos, uma comédia de Deus — traçada e disposta maravilhosamente pelas idades de sua Providência.

Luto. Uma comédia?

Ironia. Não há melhor. Se o primor e a sutileza da arte cômica consistem, principalmente, na suspensão do entendimento e no doce enleio dos sentidos, seu enredo leva os homens pendentes aos sucessos. Encobrem de indústria o fim da história, sem saber onde vão parar. Quando vão chegando, descobrem, subitamente, entre a expectação e o aplauso, Deus — soberano Autor e Governador do mundo.

Luto. Sei que alguns acreditam ou acreditaram. Mas sei também que muitos não crêem.

Ironia. Pouco importa se os homens acreditam ou não. Porém, ao ver a história, há de ter bom juízo e admitir: tem alguém divino de sacanagem.

Luto. Absurdo!

Ironia. Que nada! Imagine um Deus, perfeito exemplo de toda a natureza e arte, para maior manifestação de Sua glória e admiração de Sua sabedoria. De tal maneira encobre as coisas futuras, mesmo quando dá indícios proféticos, que não deixa aos homens nenhuma compreensão ou alcance dos Seus intentos. Só permite algum desvelamento, quando já têm chegado ou vão chegando os fins dos Seus soberanos propósitos. Mantém sempre as criaturas suspensas na expectação e pendentes de suas Providências. Parece impor uma regra (com pouquíssima exceção): quando as profecias são muito claras, atravessa entre elas; e os olhos humanos, umas certas nuvens, com que sua mesma clareza se faz escura.

Luto. Há nas suas palavras um condimento bárbaro.

Ironia. Reina a barbárie em qualquer civilidade. A diferença é: se o civilizado arde, é por um acaso; se o bárbaro queima, é propósito divino. Mas como o civilizado não acredita no acaso, há de ter causa. O contrário se passa no bárbaro; sabe que é por motivo divino, mas reconhece o acaso da eleição. Logo, o civilizado busca a causa e a elege ao acaso. Já o bárbaro sabe do acaso e se põe eleito. Enfim, do bárbaro a divindade no civilizado e, neste, a causa bárbara.

Mar. Estou quieto; assombrado. Desta vez, a senhora cumpriu todos os pormenores da improcedência. Nem sei se não seria necessária uma pausa longa. Ao ouvi-la, fiquei encrespado. E olhando para o Luto, o vejo púrpura. Cá pra nós, terrível discurso o seu.

Ironia. Nem sei por que. Se estamos aqui a falar, há alguns séculos, é por ser este diálogo coisa alheia aos bons modos do discurso — ainda mais se nos atinarmos ao fim da vida do nosso Vieira.

Luto. O que isto pode querer dizer? Ora, a vida de Vieira desempenha as suas últimas prerrogativas.

Ironia. Não há prerrogativa dada de antemão. Bem, revejo; há, sim, e esta é a expressão da minha fadada aparição.

Mar. A senhora terá que me fazer compreender.

Ironia. Desde que eu possa contar com a ajuda dos senhores.

Luto. Tudo bem.

Mar. Está certo.

Ironia. Vejam. Resta a Vieira se consagrar à *Clavis Prophetarum*; como se fosse a única bengala em que sua mente fervorosa pode, ainda, se apoiar. Dedica-se ao definitivo livro, contando com pouca vista e auxílio de seu companheiro padre José Soares. Faz, arrumando os tomos de seus sermões e respondendo em cartas para se mostrar vivo. Atento, recebe visitas que confirmam sua eternidade e põem dúvidas sobre as previsões de Bandarra.

Mar. Sei ser o Brasil um retrato de Portugal em tudo o que diz respeito ao aparato de guerra sem gente nem dinheiro, de searas dos vícios sem emenda, de infinito luxo sem cabedal e de todas as contradições do juízo humano. Estou ciente das questões levantadas por esta situação. Cultuo que isto provoca um grau especular entre os dois lados do meu Atlântico. Logo, hesitar em Bandarra é pôr entre parênteses o futuro.

Ironia. Ora, negar, de alguma forma, o sapateiro de Troncoso é, ao contrário do que prevê, agarrar-se mais à mística do futuro. Neste campo de sonhos, a visão de um grande cometa lhe dá a picardia das esperanças; nascimento e morte de herdeiros lhe dão o desespero ativo; a morte de d. Francisca lhe dá a possibilidade do despojamento de passados. Tudo isto regado por fatos abrasantes: ser queimado em esfinge na cidade de Coimbra; ser agraciado pela Universidade do México e ser acusado de participação em crime.

Mar. O que daqui se ergue, na sua fala, me lastima. Nenhuma das novas da Europa parecem prometer alguma esperança absoluta na felicidade. No máximo podem consolar o nosso Vieira, porque de todas há de se temer.

Luto. Peço: não sejam tão urgentes. Assim, me perco. Cabe, se for do agrado, um pouco mais de alívio. É necessário relato contido. Reconheço serem muitos os acontecimentos dos derradeiros anos de Vieira no Brasil; mas sem pressa — o tempo voltou a dormir profundamente.

Ironia. Se o senhor deseja menos ritmo, torno a narrativa algo próximo ao fado da moraria.

Mar. Estou de acordo. Quanto menos, este tipo de melodia acontece a mim como introjeção de um sentimento nos corpos portugueses, cuja imagem é a saudade sentada no porto, recitando adereços da vida para a minha calma.

Ironia. Estando de acordo, reinicio. Quando chega no Brasil, atrás vem a notícia da queima em imagem por estudantes bêbados e padres chumbados de ódio. Não merecia Antônio Vieira os portugueses. Depois de ter padecido em amor à pátria, corrido perigo sem cálculo, antecipam-lhe as cinzas e lhe dão tão honradas exéquias.

Mar. Porém, encontra afabilidade por parte do governador Roque da Costa Barreto.

Luto. Nem tudo no mundo está perdido.

Ironia. É. Quando se encontra alguém a encarnar a bondade e o justo meio das ações dignas, o tempo lança sua urgência e o sujeito se larga a outras bandas. O governador termina o seu triênio em 1682.

Luto. As cartas compensam.

Ironia. Todas as cartas gemem distâncias.

Mar. Mesmo recebendo conselhos de parar as impressões das prédicas em português, continua a acreditar serem os riscos o primado dos eleitos.

Ironia. Pura e maravilhosa teimosia; se adequam alguns às circunstâncias, todos estão em língua traíra.

Luto. O novo governador tem insignificante atração aos jesuítas — d. Antônio de Sousa de Meneses.

Ironia. Quanto a ele, a minha sátira encontra mensageiro. Certo cáustico, Gregório de Matos, lança esta pequena quadrilha: *quem dissera, quem pensara,/Quem cuidara e quem diria/ Que um braço de prata valha/Pouca prata e muita liga.*

Luto. Eis que um acontecimento dá ao novo governador a chance de afiar suas garras contra os jesuítas; principalmente, em Antônio Vieira e sua família. No dia 4 de junho de 1683, o alcaide-mor da cidade — Francisco Teles de Meneses, parente do braço de prata — é emboscado. Da contenda, saiu morto. Os criminosos se despencam a correr, entrando na casa dos jesuítas — o que era muito comum. Sabedor de tal fato, Antônio de Meneses perde toda a pouca postura. Embora tenham o sobrinho e o irmão de Vieira escapado das acusações de crime, a suspeita e a perseguição aos parentes do nosso jesuíta perduram até 1687 — enquanto houver governo na corte do marquês das Minas.

Mar. Isto faz com que Vieira, já velho, tendo a companhia privilegiada das doenças, se mantenha na quinta do Tanque, da Companhia de Jesus — arrumando os sermões e a se dedicar à *Clavis Prophetarum.*

Ironia. Sem menos. Estava no Tanque porque os adversários lhe imputavam o título de mandante do crime. Mas 1683 reserva-lhe sortilégios de vingança tranqüila. Em setembro morre o fantasma d. Afonso; três meses depois, a rainha d. Maria Francisca de Sabóia. Há, agora, em sua mente o valor do herdeiro. Viúvo, d. Pedro pode se casar novamente. Ter um varão. Vara a distância de vara, o tecido da história pode se arrumar estendido.

Mar. Escárnio indevido, minha cara senhora.

Ironia. Não há deboche, na simplicidade desejada pelo senhor. A configuração da solução histórica da vida dos portugueses, o encoberto rei, em manto cravejado de futuro, é que desalinha o meu vestido.
Luto. Sua vaidade me espanta.
Ironia. Vaidosa sou; mas desafio qualquer um dos senhores a reprovar o que tenho a dizer. Não há nenhuma vaidade maior do que aquela existente na figura do rei encoberto, esperado e desejado, da pátria Portugal. Estar em franco declínio, esperando o esperado, e ver a ruína refletida como fortuna no espelho da arrogância histórica, é, de fato, vaidade.
Luto. Se não posso discordar completamente, posso admitir ser esta espera a compensação ao desespero.
Ironia. Aceito tal perspectiva; mas veja: se na espera e no desespero, a esperança presencia-se, e se ela é a mais segura intimidade com a verdade, não há melhor campo para a vaidade. Isto porque: a vaidade da verdade é altiva promessa.
Mar. Pensando bem, não preciso desafinar. Até o som daquelas palavras rimam sem esforço.
Ironia. Em língua portuguesa, a ressonância entre elas significa quase toda a história.
Luto. Neste momento, corre outra vaidade — aquela das conclusões teológicas dedicadas a Vieira pela Universidade do México.
Mar. Vaidade servida fria, pois isto o deixa mais magoado. Se uma universidade portuguesa o afronta em estátua, em universidade de castelhanos, lhe estampa a imagem.
Luto. Há respingos. Em 1682, publica-se o segundo tomo dos sermões. Até 1689, um tomo por ano; de 89 a 97, dois anualmente. Seu trabalho é intenso; não sendo à-toa que a memória exercita-se saborosa nas circunstâncias.
Mar. A notícia do falecimento da rainha desembarca com o marquês de Minas e comprova o dito do senhor. O marquês ordena as exéquias, incumbindo Vieira do púlpito no templo da Misericórdia. São 10 anos sem púlpito; doenças mis, voz menor, corpo curvado, olhos derretidos, e mesmo assim um grau plausível de vingança e esperança recomenda-se na sua honestidade.

Ironia. Quisera que em todo este teatro se voltasse a cena, que o luto trocasse suas cores, que as caveiras se revestissem de vida, que os ciprestes se reproduzissem em palmas, que os epitáfios se convertessem em panegíricos e que as luzes funestas, desse momento, se mudassem em lamúrias de ação de graças; isto porque o que aqui se forma, em estragos e despojos, serão troféus e triunfos — não de outra causa, senão da morte.

Luto. Meu Deus! Odiosa manifestação sobre um cadáver.

Ironia. Espere o galope divino da vingança de Vieira. Corra a cortina dos segredos da Providência Divina. Descubra-se o que está encoberto e veja no que se vê o que não se via. Desde o dia em que a rainha entra em Portugal, até o dia da partida para o céu, as coisas de maior vulto, que sucedem em todo o tempo, são três matrimônios notáveis. Um matrimônio declarado por nulo, um matrimônio contratado, um matrimônio consumado. No primeiro está o reino enganado; no segundo, arriscado; no terceiro está desconfiado. E Deus, tão amante de Portugal, como desfaz o engano, como acode no perigo e como encomenda na desconfiança. Assim como os matrimônios são três, os remede em três divórcios. O primeiro faz, o desengano, matrimônio nulo. O segundo divórcio o faz contratando a enfermidade. O terceiro o faz consumado a morte. E que bens ou utilidades para Portugal tira a Providência nestes três divórcios? Os três maiores bens e as três maiores utilidades que podem desejar os portugueses. O primeiro divórcio dá aos lusitanos uma herdeira do reino; o segundo livra-os dos príncipes estrangeiros; o terceiro habilita os portugueses a ter príncipes naturais na varonia dos reis portugueses. Vê-se, portanto, que a dor e as lágrimas não têm motivos para serem enxugadas.

Mar. De nada foi propícia a pregação. D. Pedro se sentiu tocado, os inimigos assumiram o tom da ofensa, e os amigos ficaram arrepiados.

Luto. Mas no meio disto o ano de 1685 desaba em flagelo. Morrem muitos da peste. No colégio 12 religiosos da companhia; os outros, de excessivo trabalho, lá estão feridos. Só dois escaparam: Vieira e seu companheiro.

Ironia. Estão preparando o segundo tomo dos sermões dedicado a Nossa Senhora do Rosário; portanto, recebem proteção materna.

Mar. Brincadeira tem hora. Há de solicitar a misericórdia de Deus; após a peste, pode vir a guerra. Navios corsários estão a povoar as minhas enseadas.
Ironia. Em você estão; mas Vieira, ao pensar no Brasil, sempre se preocupa com as Índias.
Mar. Ora, quando o sol entra no ocaso é porque brilha a aurora em outro lugar.
Ironia. Lindinho, vejo nisso um pouco de meu perfume.
Mar. Conviver é receber particularidades do outro no comum dos gestos próprios. Contudo, a preocupação de nosso amigo é a questão do herdeiro. D. Pedro mantém-se viúvo.
Luto. Mas em 1687, Vieira recebe a notícia do casamento acordado entre d. Pedro e a princesa Maria Sofia de Neuburgo.
Mar. Casamento muito austríaco, dizia ele.
Luto. Contudo, o tempo lhe prega peças. Em dezembro de 1688 — no mesmo ano em que deixa o Tanque para residir no colégio, em função da patente de visitador — surge a notícia do nascimento do varão desejado.
Ironia. Leva o tempo tantos anos de esperança e desengano e obriga os portugueses a buscar, fora da pátria, a sujeição e vassalagem a príncipe estrangeiro; para poder trazer de mais longe aquela que, dentro do primeiro ano, os restituiu à baronia dos reis naturais.
Mar. Um letreiro néon não se retira da cena mental de Vieira: assim como o sólio e trono pontifical está em Roma; assim o sólio e trono imperial do mundo há de estar em Lisboa.
Ironia. Lisboa, Lisboa, Lisboa; suas promessas são certidões de vento. Sem tardar, chega a notícia do falecimento prematuro do imperador do mundo com 18 dias de vida.
Mar. O nosso jesuíta dobra a morte. Aceita a certidão do falecimento e pondera: a morte do anjo príncipe não desfaz o cumprimento da Promessa; antes serve para apressar. Não tira Deus a vida do primogênito de d. Pedro para lhe tirar o império; levou-o, apressadamente, de maneira que fosse logo tomar posse.
Luto. Nada o extrai do caminho sublime da Promessa.
Ironia. Logo uma outra criança real lhe permite a comprovação dos malabarismos anteriores — outubro de 1689. O príncipe nascido, e que logo se retira para o céu, só toma posse da

púrpura e recolhe o braço; o príncipe, nascido há pouco, sucede o que lhe deixa o irmão e logra a mesma posse, se vestindo da majestade púrpura, estendendo o braço a empunhar o cetro. Antes a obsessão na esperança do que um tintinho de razão na fé.

Mar. É. Entre nascimentos principescos e o falecimento de amigos, espera dos seus sermões louvores pátrios.

Ironia. Vieira adora a imagem do que nunca vê; agradece, sem se arrepender, as idolatrias às estátuas da ingratidão. Não só no incenso e no sacrifício de sangue se fez o seu amor — bastante esquisito é claro — à pátria. As suas finezas de origem servem ao futuro, pagam ao passado e não devem ao presente.

Mar. Mesmo se manifestando, em Espanha dizem que está morto ou queimado na fogueira da inquisição. Já aparece o seu pretérito em livros sobre a Restauração portuguesa frente a Castela. A infâmia desliza seu doce perfume na sua biografia.

Luto. A todos responde. Neste não deixar de retorquir, sua memória afia o que tem de reminiscências.

Ironia. No que se lembra e rememora, muito há da lâmina do esquecimento. A fama, desprendida da publicação dos seus sermões, lhe dá honra e fome por mais no Santo Ofício de Portugal — incrível, querem lê-lo. Tanto há na vida o que é da morte, que quando ela vem surgindo, em negro vestido, luzes se acendem, mais uma vez, nas suas costas.

Mar. Contudo, seus sonhos, cuja matéria é a esperança, se vêem agraciados em 6 de dezembro de 1690, no mesmo dia da coroação de d. Pedro. No infinito do meu contrário — o céu — aparece maior cometa. Tinha a figura de palma, na cor e na forma. Dourado, prognosticava felicidades em grande velocidade. Só a América o viu. Na Europa nem sinal.

Luto. E que entendimento tão rude e contumaz, que se não persuada e conheça claramente que um monstro de tão prodigiosa grandeza não foi criado, sem algum fim, nem mandado e mostrado ao acaso, mas para que os mortais, entrando dentro de si, levantem o pensamento ao Autor e Governador do universo, reverenciando seu poder e temendo os seus juízos. Se acaso alguém não entenda assim, e é do número daqueles que chamam aos cometas causas naturais e não reconhecem neles outros mistérios ou documentos mais altos, afirmo que essa mesma incredulidade e dureza são já um efeito fatal do mesmo cometa.

Ironia. Valha-me Deus! A maior fúria da tempestade é o mais certo sinal que o marinheiro tem em querer mudar o vento. Consintamos esta esperança a Vieira, ou nos preparemos para o seu infalível naufrágio.

Luto. Bem, os estados das coisas não prometem felicidades; mas se Deus é o que sempre é, sua Providência aguarda ou dispõe para fazer mais maravilhosas as suas maravilhas.

Ironia. O anacoreta do deserto alarga-se muito fora de sua profissão; mas quem há de tapar a boca deste esquisito amor à pátria.

Mar. É este amor à pátria que dá os toques de adequação às coisas que condena na intimidade.

Luto. Isto se vê no caso de Palmares. Via a redução dos quilombolas à concessão de suas liberdades, vivendo em seu refúgio como os índios nas aldeias jesuíticas; mas, logo, reconhece as necessidades da perpétua sujeição aos seus senhores.

Ironia. Grande presença a minha. O Brasil tem o corpo na América e a alma na África.

Mar. Cuidar da regência da província é não entisicar: passando noites inteiras sem dormir; dando trato ao que o entendimento não alcança.

Ironia. Estou a sentir o meu perfume em suas palavras. A situação da colônia era terrível. Nenhum produto tinha bom preço. E a desvalorização da moeda, neste período, declara raízes insuportáveis. Quem tinha nove moedas, se vê com cinco.

Mar. Se antigamente eram os navios de mercadores; armadas de inimigos e piratas. Antes os navios traziam dinheiro e levavam drogas; agora, levam drogas e mais dinheiro, não pagando fretes e nem direitos — apenas há tributos a se esperar.

Ironia. É o mesmo que dizer ao hortelão: quem vai a você comprar uma couve não tem nenhum gênero de troco.

Luto. O descontentamento é geral.

Mar. A maior das perdas é aquela que retira o reino dos corações dos colonos.

Luto. Muito bem. Em 1692, termina o triênio de visitador — e Vieira se dedica, completamente, à tarefa de escrever.

Mar. Escreve em terras pululantes de escravos.

Ironia. Uma das grandes coisas que se vê nesse mundo é a transmigração imensa de gentes e nações vindas da África. Pode-se até dizer que trazem a Etiópia ao Brasil. Se em outras terras, aram os homens, e do que fiam e tecem as mulheres, se faz comércio; no Brasil, o que geram os pais, e o que criam as mães no peito, é o que se vende e se compra. Que mercancia diabólica: os interesses se tiram das almas dos negros e os riscos são dos próprios.

Luto. Não aprendem os portugueses. Se o cativeiro de homens se inicia onde começa a África, ali permite Deus a perda de d. Sebastião, ao qual se seguiram 60 anos de cativeiro.

Mar. Todos a trabalhar. Naquela terra, o trabalho é certidão eterna dos negros, enquanto os livres da faina apenas conhecem o nome.

Ironia. Há no mundo algo mais semelhante ao inferno do que os engenhos? Açúcar, doce averno. Fornalhas ardentes; incêndios eternos. Lavadas no suor, robustas sombras atiçam o fogo. Caldeiras vomitam espumas. Exalam vapor. Efervescências de fumo. Ruir das rodas. Som das cadeias. Rumor; vultos enoitados. Trabalham. Gemem. Trégua não há. Descanso, só no pensar. A máquina vibra; aparelha-se no confuso o seu estrondo.

Mar. Terrível beleza!

Ironia. Nem tanto. Se o íntimo de Vieira transborda horrorizado, a razão enxuga o suor. Seu olhar quase retira do árduo trabalho a fragrância poderosa do sofrer de Cristo.

Luto. Mas em íntimo seco, logo chove. Senhores, os ricos; Lázaros, os pobres escravos.

Mar. Ainda há os índios. Em 1694, Vieira precisa dar ao requerimento dos paulistas seu parecer. Querem eles o mesmo que em Castela há: dar os índios em administração a pessoa determinada. Escravidão já.

Luto. A maioria dá voto a favor dos paulistas; só Vieira desconfia. Vota contra.

Mar. As opiniões do padre Andreoni — pseudônimo Antonil — se fazem geral.

Luto. Grande traidor da tradição jesuíta, cunhada nas circunstâncias daquelas terras.

Mar. Todo o oneroso cai sobre os índios e todo o útil se concede aos paulistas. Aos índios, a violência. Não é violência que, se um índio, senhor da sua liberdade, fugir, o possam licitamente ir buscá-lo, prendê-lo e castigá-lo por isso? Não é violência que, sem fugir, haja de estar perto e atado, não só à terra senão a tal família? Não é violência que, morrendo o administrador, hajam de herdar os filhos a mesma administração, repartindo entre si os índios? Não é violência que se possam dar, os índios, em dote de casamento? Não é violência que se possa aliená-los? Não é violência que, vendendo-se a fazenda do administrador, se venda também a administração, e que os índios com ela, posto que se não chamem vendidos, se avaliem a tal e tal preço por cada cabeça? Não é violência que, importando a um índio, para bem de sua consciência, casar-se com índia de outro morador, o não possa fazer sem este dar outro índio por ele?
Luto. Nenhuma vantagem tem o índio.
Ironia. Há uma grande vantagem, a exclusividade de ter no corpo as violências.
Luto. De nada adianta o berro da justiça; Lisboa aprova os interesses paulistas.
Ironia. Entre a fama e a raiva, o silêncio é bem-vindo. Quanto mais, porque grita: não temo Castela, temo esta canalha! Jesuítas de outras pátrias, é claro.
Mar. Mas há a *Clavis*.
Ironia. A *Clavis Prophetarum*, esta insuportável cor dos meus mais preciosos olhares. Pretender dar estatura ao futuro, evidenciando nos pormenores poéticos de uma escrita que deseja calar o grito do desgosto nas portas da língua, e constituir a desorientação à medida de uma quieta estranheza.
Mar. Não consigo ver assim.
Luto. Nem eu.
Mar. Nos seus últimos anos, ainda enfrenta uma última polêmica em torno de seu nome. Aquela da eleição do procurador-geral em Roma — Vieira tinha o seu candidato.
Luto. É. As hostilidades do Provincial Alexandre de Gusmão e do reitor do Colégio Padre Andreoni lhe impediam o caminho. Já o consideravam senil.

Mar. Em 1695, com certeza, está-se dedicando à *Clavis* — tendo o auxílio do padre Antônio Maria Bonucci — jesuíta italiano. Seu único companheiro — padre José Soares — se encontra carcomido de enfermidades.
Ironia. Sem dúvida. Contudo, o desvio dos senhores não os faz retornar ao assunto que coloquei aos seus olhos.
Luto. Em outubro, na Bahia, aparece outro cometa.
Mar. Tinha a forma de espada. Seu corte é ser profundo.
Luto. Vieira o vê como prenúncio de castigos.
Mar. Eis a voz de Deus ao mundo, a Portugal e à Bahia. Depois que os profetas cessaram, começa Deus a falar por cometas, que é a linguagem universal da maior majestade e horror.
Ironia. Não sei por que me ausentam deste diálogo.
Luto. Ia Vieira a compor os últimos tomos dos sermões — meditando sobre esses mistérios do céu.
Mar. O faz tendo nos extremos do meu Atlântico suas considerações — o que vai de cá é mentira; de lá retorna em lisonjas.
Luto. Junte-se a isto o agravamento de sua saúde. Desde aquele dia em que cai da escada, 1694, ano em que se despede dos seus amigos epistolares — mesmo vindo a residir no colégio na Bahia, as enfermidades lhe abocanham o resto.
Ironia. Pouco tempo e rigidez tem para escrever a *Clavis*.
Mar. Apesar das contingências se dedica a ditar a *Clavis* ao padre Bonucci.
Luto. No dia 13 de junho de 1697, a saúde agrava-se soberanamente. Os médicos já o deixam sem sangria. Todos esperam o desenlace.
Mar. Cinco dias se passaram. E na primeira hora do último, se vai infindo.
Luto. Nesse momento, rasga o céu um feixe de luz.
Ironia. Bela lenda para os da companhia.
Mar. Morre, aparecendo uma nova estrela no céu.
Luto. Em 1720, extraíram-no da sepultura — na igreja do colégio da Bahia. Indo residir na Igreja de São Roque em Lisboa. Ao verem o seu crânio, notaram pontinhos brilhantes no frontal.

Mar. Um ano e 15 dias após a sua morte, falece José Soares. Dizem que veio buscá-lo Antônio Vieira, abrindo uma cortina onde se revelava um caminho de luz intensa e calma.

***

O Mar inicia o seu refluxo e o Luto agarra-se à veste da morte que por ali passa. Sentada na cadeira de vidro, naquele farol, a Ironia arromba os olhos — caso os tivesse.
Ironia. Santo Deus! Lá se vão estes senhores, deixando-me sozinha. Mal sabem eles que este costume é a fração restante de se estar comigo. Acredito que eles tenham, por fim, se irritado. Prometi fazê-los compreender a expressão da minha fadada aparição nos últimos anos de Antônio Vieira. Não conseguiram sequer aguardar.

Bem, se esperassem não teriam de mim a explicação. A minha expressão maior é o termo de qualquer diálogo, pensamento ou visão. Como eles se foram, posso, agora, me deliciar à maneira das gatas.

Antônio Vieira morre ditando a *Clavis* — sem ouvir quase nada; nada enxergando de nítido; dobrado de doenças e incapaz de se locomover a contento. A única coisa que perdura é a sua voz; ultrapassa limites.

Daqui se vêem os seus alfarrábios dispostos sobre a mesa de madeira tosca e bruta — naquele dia que, por tonturas, se deita e aguarda o belo vestido negro. Ali, porém, não se encontram os sete livros que iriam compor esta empresa infinita denominada *Clavis Prophetarum*. As sete lâminas que cortariam o futuro, rasgando-lhe as entranhas e lhe expondo as vísceras. Sete lâminas, num escudo; sete lâminas em desejo por um novo dia.

Se, por acaso, alguém lhe deu fim, creio que, se pronta, está inacabada; e se inacabada, está pronta. O motivo é simples: o segredo do tempo é algo semelhante a uma grande casa de muitas, e muitas, portas. A cada porta uma chave. Há de se argumentar que figuras de abertura excluem categorias como pronto e inacabado.

Vieira reconhece serem os indícios proféticos possíveis correspondências entre chaves e portas, cuja interpretação parece encontrar a adequação visual entre uma e outra. Mas sabe também ser o tempo o desgaste de si. De qualquer maneira, o meu amigo apreende todas as probabilidades óticas na urgência da busca pelas correlações.

Contudo, a cada andança executável, um ranger demonstra o atrito entre a abertura e o mundo. A cada exeqüível, se põe como guardião da própria abertura que gostaria de ultrapassar e ver ampla a sala do futuro. Pergunta para si: posso entrar? E escuta: neste momento não posso conceder a entrada. Replica: mais tarde vou entrar? Responde: é possível.

A imagem é de fato a figuração do problema de Vieira. A cada giro de uma chave numa porta, seu anseio requer se pôr na advertência e impedir a própria passagem. Isto porque, embora almeje o deslumbramento do futuro, seu realismo não deseja a imagem. Antes, a presença temporal de um saber.

Como tal — marcado na carne por espaços percorridos — não faz das experiências sensórias a espacialidade de uma questão desafiadora. Prefere sentir o meu odor e contaminar as coisas — sem requerer suficiente consciência sobre o meu invólucro. Só ao sentir a autovisão de moribundo é que retorna, luzindo, a medir o infortúnio de sua tarefa.

Naquela noite, deitado já há algumas horas, num cubículo pequeno — que me parece uma concha — soube de seu nome a largura das frases escritas. Pressente que a *Clavis* — e por que não os sermões? — requeria um leitor venturoso e ousado. No comprimento dos homens, sonha. Na profundidade dos auspícios da morte, vê delineada a insatisfação. Explora, moribundo, os instantes antecedentes do encontro com Deus.

Atento, enxerga as suas queixas que rebatem no caminho. Interrompe, bruscamente, quando o olho. Percebe que jogou a vida toda com o fim, recebendo de cada jogada o que agora de mim o cobre. Nos breves intervalos do pouso do meu vestido, sorri a morte. Na sublimidade deste encanto, abaixa-se. Enterra os meus códigos nas brumas daquela escada. Sobe. Um odor de minha pele complementa a neblina. Entre o luto que sinto e o desejo de me ver descer; olho e avisto alguns semblantes a subir a escada.

    Não são bem humanos; talvez o sejam. Porém, anunciam-se como expectativas coloniais e memória lisboeta. Caso aqui estivessem aqueles senhores, diriam: nada entendi! Bem, se estou sozinha é por fado e fortuna. Mas, sobrevivo.

    Escrita de Antônio Vieira, austero infortúnio. Aleito as minhas asas agora; estou exausta. E nem assim a história de Vieira deixará de provar o meu gosto. Naqueles olhos secos de intermináveis prantos, em ferro de humana ferrugem, fatais encantos se deram entre o fim e o futuro. Ali estive; ali estou e ficarei.

Epílogo
sem laços

Fragmenta-se o mundo ao infinito. Olhá-lo é ver do ar o que se desenvolve na terra; na correspondência íntima com uma frágil barquinha — ousando navegar em mar aberto. A vida é mesmo assim; a terra custa muito e o pensamento voa ou navega. Os espaços convergem, e o cristão nauta e leve espera o último hálito de Deus. Quem sabe se o derradeiro suspiro divino faça a vida pousar ou atracar?

Mas o que fazer? Todas as coisas sofrem de metamorfose, requerendo do mesmo a sua amplificação. Entre um tipo de pássaro migrante e a qualidade de barquinha, a similitude recheia-se de ambientes sem poder destacá-los. Duas vistas a vida tem como mistura: uma desejante de realidade aérea; outra viciada no sal da travessia. Espectador da própria existência; eis o painel tomado de cima. Assíduo narrador da essência; eis o panorama nas águas. Mas, de qualquer maneira, quem vê do alto, navega sobre, e quem vê ao navegar, voa sob.

No primeiro plano, se absorvem leituras no cultivado. No segundo, se recolhem ações numa tiorga interior. Entre o lavrado, de cima, e o anfiteatro trêmulo, na miragem debaixo, a vida pressupõe burlar fatos. Mas nem todos os homens são pássaros migrantes ou barquinha; a maioria é árvore de raiz profunda. Nada olham sem ter o limite do seu tamanho; e do voar, conhecem apenas o vento. Pouquíssimos, contudo, são migrantes quando lêem; e atravessam quando miram.

Vieira explicado, não se conta; contado, escasso dele há. Comédia terrível é esta, Antônio Vieira voa; e quando não, navega. Se no vôo sente o ar quente da ironia, é porque no desejo de mar há muito de terreno; se na navegação sente o realismo se iludir, é porque todo o real requer os auspícios do céu.

Do ponto de vista do homem que voa ou navega, algo está, constantemente, a acontecer ou a se revelar — ao longe ou lá embaixo. Se algo acontecer, o encobre a vertigem; se algo se revelar, o excesso de neblina ausenta-o. Se for novo, é visto a distância e por vagas indefinidas da navegação. Se for muito antigo, repete da morte o seu termo — quem vê não quer despencar. De qualquer maneira, o pássaro migrante ou barquinha não consegue fazer vigorar nem o novo e nem o muito antigo. Não faz valer o novo, porque migra; não anima o muito antigo, porque se afasta da segurança.

Olhar longínquo das águas; vista detalhista do ar. De um, a perspectiva no horizonte; do outro o juízo vertical e impreciso da ótica. Antônio Vieira se constrange no ar e se incomoda no mar. Nada detém do tempo, porque voa. Não sabe o tempo que vai chegar, porque navega. Mas crê e sabe que a verdade vem com o fim, independente de navegar ou voar.

A realidade terrena, portanto, para ele, só é válida, quando ao perder imagem precisa, adquire a presença ambígua da cartografia — anunciando o fim. Se for barquinha, afasta-se das fileiras do seu tempo; se for pássaro, ergue alturas contra ele. Se voar, de frente está para o futuro; se navegar, de costas está. De qualquer forma, guia-se na superfície vítrea do mar e do céu, onde repousa o olhar terra.

Indo à direção do passado, navega em fundações da promessa futura; se voar, recebe ventos fundamentais do pretérito. Vieira vê contornos; o futuro entardece e o pretérito lhe escapa em manhãs. Nesse jogo especular do céu e do mar, se navegar muito, o futuro lhe põe a pique; se voar em demasia, o pretérito o derruba. Há, então, que medir distâncias, para recomeçar próximo.

Antônio Vieira — barquinha ou pássaro migrante — há do mesmo de João Batista. Aponta com a voz de cima e depois com o dedo embaixo. Mas neste trauma de Batista, a existência é terrível. O profeta não foi Aquele que devia vir, tampouco sabia o que devia vir; contudo, batiza-O — dando à sua religião a anulação da realidade; através do real da espera. Vieira indica na voz voando, e aguarda, navegando, que os seus dedos reconheçam o que Deus aguça. De qualquer jeito, se distingue voando ou assinala navegando, o fato da espera é a esperança extrema da realidade — a consumação. Grave comédia, na qual se descobre voando ou navegando. Se soprar ironia em cima, embaixo o realismo amoeda o heroísmo ao tesouro de luto. Há sorrisos no alto; há lágrimas no inferior. Quantas vertigens; quantas neblinas. Mantidas as brumas e as tonteiras, o que se pode ver é o erro da distância.

Mas como a maioria é árvore, a primeira evidência, na razão das estaturas, é pôr o homem pássaro migrante ou barquinha à medida da lenha. Toda árvore projeta o seu termo; se há nelas a tendência de uma vida una e coesa das estações, sua compulsão vegetal cogita meros efeitos naturais. À barquinha cede de si a simbólica disposição primacial da navegação; e ao pássaro migrante confere um processo terreno de sublimação do vôo. Por fim, há de haver lenha. Há de se alimentar a combustão dos sentidos básicos do grande vegetal, gerar conforto e perfeita integração às necessidades de um tempo.

Eis uma sorte de geografia, vista de cima ou vista de baixo. Contudo, as árvores jamais transgridem; antes, conhecem muito o chão. Se o pássaro voar, é visto, vegetalmente, como expressão acabada e certa do vento que reconhecem; se a barquinha navegar, é olhada da copa através da engenhosa dança que os galhos imaginam fazer no ar.

É; toda árvore diz é. Fundada no que avaliza, só vê o que domina. Se Vieira voar; ela diz: há de se ler aquele tempo no seu tempo; se navegar, diz: há de se aludir ao tempo o que morre nele. Não há jeito, as árvores são incapazes de pensar sem rotina.

As árvores não escolhem; são: pouso de pássaros, madeira naval etc... Se Vieira navegar destemido, as árvores gritam: paranóico. Se voar acrobático, místico. Se planar intenso, herói. Se descansar na travessia, utópico. Se bater as asas em fúria; mais terrível que desejável. Se alçar velas em vento contrário; expressão da salvação nacional de Portugal.

Não há maneiras. Esquecem as árvores que Vieira, em vôo ou navegação, evita dizer sou isto ou não isto — as distâncias não permitem. Ora, Vieira nem voa em contornos cristalinos, arbitrando, facilmente, sua rota; e nem navega objetivando o curso de sua travessia — como se quisesse ocupar um tempo homogêneo e vazio.

As árvores são genealogistas desde semente — tudo é assistido nas ocas vizinhanças. Quando sonham com Vieira, são positivamente felizes. Imaginam nas cascas o intérprete que adota um patrimônio consolidado; nas seivas, um organismo do seu saber e, nas folhas, o naturalismo de ser o que é: apenas árvore como elas.

Vigilantes, retiram do seu presente — certo, evidente e tangível — a relevância de todo futuro de quem voa. Do próprio presente, forçam uma imagem eterna do passado de quem navega. Não há dúvida, as árvores, em razão do mesmo chão, estão numa reserva familiar. Mesmo quando jantam e convidam o poeta, pedindo para recitar, ouvem muito pouco do que diz: maior prosador, maior artista da língua portuguesa; este, que teve a fama e a glória tem/Imperador da língua portuguesa/Foi-nos um céu também.

As árvores escutam o mínimo. Não percebem: quem navega o faz num fosse imperador; e quem voa, o faz num fosse céu. Mas elas preferem o jantar, onde o romance familiar tem ares especiais.

Gente lenitiva. Vieira voa; o denominamos, mas ele não ouve. Vieira navega; sabemos ter uma carta, mas não a enxergamos. Dizemos que ele voa como qualquer pássaro, e concluímos: voa diferente. Dizemos que ele navega como qualquer outra barquinha, e encenamos: se repetir o trajeto que outra fez, valor nenhum tem; mas se aprofundar a experiência da outra: valor há.

Tal ensinamento demonstra: Vieira voa, realizando a experiência que demanda mais precisão e adequação ao assunto do vôo; mas é no céu que trata a expressão; Vieira navega, realizando a prosa do mundo — mas é no mar que frui a materialidade das representações.

Há imitação de vôos; há mímica de navegações. Nenhum homem árvore pode de fato deixar passar que, só o vê, na diligência de suas informações. Quais informações? Aquelas dos erros, da ignorância ou da malícia. Claro, envoltas em papel de presente metodológico, em fitas teóricas da arte decorativa, endereça numa escrita de parca representação.

Não há homens árvores que, na fornalha, não confessem que o seu coração não era tão limpo e que o seu amor pela verdade não se inclinasse à vaidade do respeito, à lisonja dos discípulos. No fim sabem — mas evitam continuar a confissão — que havia vingança curta, ódio doce e imperfeito. No fundo não enxergam: se todos nascem em carne e sangue, todos misturam as suas cores e seus afetos naquilo que dizem compreender.

Ora, ninguém voa ou navega sem acontecer. Se navegar, acontece em pulsão fantasmática de si, pois quem está no mar pousa na viagem, liga-se à errância e à descoberta. Se voar, acontece na ambigüidade da decolagem, pois no ar o desejo é imanente — figura a terra. O pássaro migrante ou barquinha quer a terra — muito mais do que aqueles que têm partes enterradas. Engendra saberes de vôo e gera devires quando navega. Sua geografia é a de salvação, desde que se mantenha no ar ou no mar. A graça do vôo é o alimento subtraído da própria simulação de voar. O valor da navegação é o confronto com o duplo do espaço: a visualidade nos dedos e a linguagem nos olhos.

Mas tudo é por distância; portanto, se voa ou navega, retira substância do mundo, da vida, e as substitui pela linguagem interna aos olhos e pela simulação dos dedos na vista. De qualquer forma, interdita a representação no vôo e revela a palavra encarnando-a no corpo.

Mas por quê? Porque ao voar percebe os graus de invisibilidade do mundo, estabelecendo dimensões de imanência para não se perder; e, ao navegar, precisa reduzir o mundo ao fragmento completo — o mapa recheado de transcendência, para evitar naufrágio. Não é à toa que Vieira, quando navega, aponta com cartas, sermões, relatórios etc... Quando voa, contempla ativamente o mundo na figura do V Império.

Mas por quê? Porque pássaro migrante ou barquinha salva-se ou se perde; dependendo de como navega ou voa. Se voar perdido, reconhece mundos possíveis; se a salvo navega, está incerto — porém, sem vontade ambígua. O tempo pode lhe fornecer o patrimônio da salvação quando voa; mas nada lhe garante a maneira de agir, de alcançar o objetivo quando navega.

A virtude de quem voa ou navega é descrever tateando figuras com os olhos e construindo visualmente aquilo que aponta. Alude, por desvios, a objetivos teológicos ao navegar; recita figurações do recomeço ao voar. Navegando ou voando, renuncia sempre à intenção, pois a verdade do pássaro é a grandeza plástica do que se revela e a da barquinha, o trabalho macroscópico do que encontra.

Mas o que dificulta, tremendamente, o vôo e a navegação é a fisionomia do que se vê ou se aponta. Nas águas ou no mar, todas as idéias são objetos deslumbrados; portanto, razões de projeção de um saber inadequado. Nele, as cenas imprevistas dão o caráter das possibilidades de mundo, lá do ar; e as mesmas, no mar, dão níveis superficiais da graça da enseada a existir.

   Navegando, enleva o anseio de dirigir a Graça concedida a Portugal por intervenção divina, o duplo original da Criação — os Descobrimentos. Voando, extasia a obrigação de restituir às coisas a perfeição e a beleza perdidas, recriando no espírito e nos olhos dos homens a perfeita forma intencional da natureza dos saberes divinos — o V Império.

   Vieira voa ou navega. Navega a desprender da terra os desenhos do que, ao voar, há de ser pintura. Mas se desenha para pintar, repinta e redesenha. Infinita condição de quem não é nem pintor ou desenhista — sem dizer com isso que deixa de desenhar ou pintar. Mas se pinta e repinta voando (o V Império) ou desenha e redesenha navegando (cartas, sermões e pareceres) é porque qualquer indício pode ser o sinal máximo de Deus — o fim da contenda entre Cristo e os homens.

   De fato, o pássaro migrante ou barquinha simula preencher o sentido divino e o esvazia quando percebe não ser o último sinal. A divindade não cessa de aparecer; nem diminui a ausência; logo, ao voar o vê olhado e, ao navegar se sente olhado no que vê. Enfim, todo o visto impõe a Vieira a imagem impossível de ver; contudo, possível de desenhar ou pintar.

   Soçobrando na lucidez do vôo ou arrastando-se nos brilhos da melancolia, ao navegar, Vieira satura a angústia de viver religiosamente. Se barquinha, a autenticidade da incerteza do mundo prolonga-se. Se pássaro migrante, o futuro prometido da crença o faz evidenciar os desesperos de viver num silêncio absoluto, como se rezasse.

   De qualquer maneira, quando navega, satura a angústia através das circunstâncias expectantes da fundação do reino português, pondo os remos na atualidade dos Descobrimentos e levantando velas nos ares da pós-Restauração. Quando voa, orienta-se no futuro específico da promessa, destruindo o campo experimental da Europa, cuja ênfase recai no mundo do mundo.

   Como ao mundo só cabe amor extramundano de pássaro ou barquinha — no vôo, Vieira vê as menores condições humanas, exigindo maior naipe espiritual; na navegação, dá àquele sentimento o anteparo figurativo da irmã menor, a América e seus odores — que hão de crescer. Contudo, nenhum nascer do sol é de fato senhorial —

independente de se navegar ou voar. Pelo contrário, cada aurora aparece de maneira tímida como esperança de que as coisas podem se revelar ou serem encontradas. No pouco lustre da mais possante luz, iluminando mais uma vez os muitos pecados do mundo, reside a imponência comovente da barquinha e do pássaro migrante. Voa a intimidade do seu arbítrio e a autonomia de suas necessidades; navega, demandando as mais improváveis e insignificantes circunstâncias — onde nenhuma uniformidade de relação entre a grandeza do efeito de voar e navegar declara-se em absoluto. Porém, Deus criou a noite para o descanso e a tentação. Quem voa ou navega tem das relíquias dos dias a dimensão dos seus cuidados. Nesse ambiente da noite, espelha na alma as lembranças; quase sempre aquelas que, nostálgicas, antecipam o futuro — seja ele pretérito ou porvir.

Bem, se alguém olhasse Vieira voando, diria: ali está uma estrela que teima em aparecer à luz do dia. Se o vissem navegando, lá de cima, diriam: veja como uma barquinha parece, na imensidão azul, uma estrela em dia de lua. Se navegar, sente a noite de Portugal nas costas, no dia em que deu à Europa uma nova manhã e um novo entardecer. Se voar, vê a noite deslocada na Colônia, sem dia, ou entardecer, próprio a Portugal.

Mas de qualquer forma, sente a aproximação do firmamento em direção à Terra, cujo silêncio é um privilégio raro de quem voa ou navega. A bela aproximação radiosa, juntando o mar e o céu, declara as exigências de reconciliação que há de ser alcançada. Se navegar, degrada-as em meio à emergência das expectativas — sermões, cartas e pareceres —, se voar, mascara e justifica, no estado irreconciliável dos homens, o sublime Quinto Império — que há de cair como um sol.

Navegando ou voando, Vieira dobra e redobra toda a história de Portugal. E como voa e navega, não pode visar aos próprios fatos, mas, antes, os exteriorizar numa aparição sempre viva, como uma oposição às idéias dominantes — cartas, sermões e pareceres –, ou como máscara do desamparo em relação ao próprio mundo — o V Império, Clavis Prophetarum, História do Futuro e Esperança de Portugal.

Esta reserva, que se eleva à própria atividade do pássaro migrante e da barquinha, compõe a onipotência fictícia de quem voa ou navega. Entre a expectativa do navegador — oh, se isso acontecesse! —, e o como não! do voador, Vieira nos lança a precária expressão do choro a que faltam as lágrimas.

Mas, de qualquer maneira, quem vê do alto navega sobre, e quem vê ao navegar voa sob. Logo, o infalível naufrágio é o destino de qualquer um que navegue ou voe. Bem, isto é uma evidência; contudo, deixar que o afogado receba o salvamento de uma árvore, que por pura ilusão acredita que os seus galhos tocam o longe, só por causa do vento, é não perceber que o naufrágio é a fortuna de quem se obriga a voar ou navegar.

Temo que os que condenam o vôo ou a navegação de um autor sejam aqueles que não podem dizer senão as coisas alheias e muito remendadas. O avarento de informações dará nome de pródigo ao liberal; o covarde metodológico dará seu nome ao valente; o distraído contextualista dará o nome de hipócrita ao modesto — num jogo onde todos condenam o que não têm, para não confessar o que lhes falta — voar ou navegar.

***

Acabo de dizer estas palavras. Quanta ingenuidade. Ainda acredito que alguém me leia. Ainda consolo-me por advertências e, assim, nem vôo e nem navego.

Outros Livros da Coleção
(Títulos já publicados)

Anchieta — Dívida de papel
Marcus Alexandre Motta
156p.

Frei Caneca — entre Marília e a pátria
Marco Morel
100p.

João do Rio — a cidade e o poeta: o olhar de flâneur na Belle Époque tropical
Antônio Edmilson Martins Rodrigues
140p.

Razão e sensibilidade — José Bonifácio: uma história em três tempos
Berenice Cavalcante
136p.

José de Alencar — o poeta armado do século XIX
Antônio Edmilson Martins Rodrigues
156p.

Rui Barbosa: pondo as idéias no lugar
João Felipe Gonçalves
184p.

Sílvio Romero — dilemas e combates no Brasil da virada do século XX
Maria Aparecida Rezende Mota
132p.

Os livros podem ser encontrados nas livrarias ou diretamente na Editora FGV.
Tels.: 0800-217777 e 0-XX-21-2559-5533 — Fax: 0-XX-21-2559-5541
e-mail: editora@fgv.br — http://www.fgv.br/publicacao

Impresso nas oficinas da
SERMOGRAF - ARTES GRÁFICAS E EDITORA LTDA.
Rua São Sebastião, 199 - Petrópolis - RJ
Tel.: (24) 2237-3769